夢授業

大人になるのが楽しくなる、
もうひとつの授業

北九州キャリア教育研究会 編

新評論

まえがき――出版社の編集者が目にしたものとは

体育館の壇上には三〇人ほどの男女が並んでいる。見たところ統一感がない。それに、服装もさまざまである。一方、下のフロアには、この学校の小学生が一〇〇人以上並んで座っている。そのすぐ横には、担任教師らしい人物が数名立っている。

壇上にいる人も、フロアにいる小学生も、ちょっと緊張しているような感じがするが、ともに期待感のほうが勝っているようだ。いったい、これから何がはじまるのだろうか？　その疑問は、壇上にいた代表者の言葉で解消してしまった。

「これから、壇上にいる職業人が、それぞれの仕事について、みなさんに説明をすることになります。みなさんは、世の中にどんな職業があるのか知っていますか？　初めて聞く職業に携わっている人もここにいます。興味をもった職業の人のブースに行って、詳しい仕事の内容などを尋ねてください。そして、どうしたらその職業に就けるのかなども、聞いてみると面白いかもしれません。できるだけ、たくさんの人から話を聞くように頑張ってください」

どうやら、壇上にいる男女はさまざまな職業に就いている人物のようで、その人たちが自らの職業について小学生に説明をするようだ。担任教師に尋ねてみると、これはイベントではなく授業の一環として行われているという。

「嘘でしょう⁉」と思わず声を出してしまったが、本当である。「この授業の名前は？」と尋ねると、思わず納得してしまう回答があった。

「夢授業です！」

本書で、この「夢授業」がどのようにして生まれ、どのように活動を広げていったのかについて、主催している「北九州キャリア教育研究会」のメンバーが語ってくれることに

ワクワクした子どもたちの前で勢揃いした職業人が自己紹介をする

なった。二〇一七年、この授業のことをたまたまネットのニュースで知った私としても、本書で紹介される授業の様子を楽しみにしている。なぜなら、先日、ある大学生と話した折、あまりの職業意識のなさにあきれかえってしまったからだ。

もちろん、どのような職業が存在するのかについてもあまり知らないし、知っている職業でも、具体的に何をしているかについてはほとんど知らなかったのだ。しかし、現在の教育システムのレール上をただ歩いてきた人であれば、ある意味当然のことかもしれない。

自己反省になるが、私も「そんな仕事があるの⁉」と驚いてしまうことがある。事実、本書の原稿を読んだとき、「それで飯が食えているの⁉」と思わず口にしてしまった。冷静に考えれば、一人の人間が知っていることなど、たかがしれたものでしかない。

このような状況を考えると、それぞれの職業人、つまりプロフェッショナルが語るこの「夢授業」、まさしく「夢」のような授業となるかもしれない。子どもたちだけでなく、大人も含めた多くの人にさまざまな職業を知ってもらいたいし、本書を通して、このような活動を可能なかぎり広めていきたいとも思っている。

さて、私はというと、本書を発行する出版社の編集者である。「夢授業」を通して見た日本の「明るい未来」、そして衝撃ともなった感動をみなさんに伝えたくて、この授業を運営する「北九州キャリア教育研究会」の代表である木原大助氏に執筆をお願いした。その仕組みや活動内容もさることながら、それぞれのジャンルで働いている「プロの言葉」を知ること、こちらのほうも楽しみにしていただきたい。

人生一〇〇年時代、約半数の職業が新しい職業に入れ替わるのではないかとも言われている時代である。混沌とした社会環境のもとにはじまった「令和」、そこに無数の光を指すプロフェッショナルたちの活動を知っていただき、読了後、日本全国で同じような活動、つまり「夢授業」が開かれていくことを望んでいる。

新評論　編集部

もくじ

第3章　子どもたちにとって身近な職業人

第4章 さまざまな職業人

第5章　学校から見た「夢授業」……211

第6章　深化する「夢授業」

（＊）執筆者が記載されていない章・節の記述は木原大助による。

夢授業——大人になるのが楽しくなる、もうひとつの授業

プロローグ――「夢授業」のきっかけをつくったキャリアカウンセラー（藤田江美子）

にぎやかな夢授業が終わりました。再び職業人が壇上に上がり、子どもたちはフロアに座って最後の挨拶を交わします。それが終わると、職業人たちは体育館の出口に急ぎます。教室に戻る子どもたちを見送るためにアーチをつくるのです。そのアーチのなかを、子どもたちがくぐって教室へと帰っていきます。なかには、嬉しそうにハイタッチする子どももいれば、はにかんで小走りで帰っていく子どももいます。主催側のひいき目でしょうか、どの子どもの顔も充実しているように思えますし、誇らしげでもあります。

担任教師が近づいてきました。

「今日はありがとうございました。それにしても、子どもたちの表情、なぜあんなに明るくて楽しそうなんでしょうか。普段の授業では、まず見られないものです」

「子どもたち以上に、私たちが楽しんでいます。それが伝わったのかもしれませんね」

こんな会話をしていたら、うしろのほうから「お疲れさまでした！」という声が上がりました。

そして、拍手が沸き起こったのです。毎回のことですが、参加した職業人が充実感を得る瞬間です。この感覚を味わいたくて、毎回メンバーは夢授業に参加しているのかもしれません。

当時、私は再就職支援のカウンセラーをしており、毎日、疲弊した現場で再就職するための指導をしていました。リストラや非正規雇用の期限切れ、高学歴なのに人間関係で躓いて失職した若者、逆に低学歴のために仕事に就けないというシングルマザーや若者、親の介護や本人の病気、震災からの避難者といった理由など、仕事に就けないという理由はさまざまです。そういえば、社会に対しての希望を失い、自らに自信がもてなくなったという人もいました。

もちろん、このような社会問題を解決していくのは行政の仕事です。事実、国であれ地方自治体であれ、さまざまな制度をつくって対策を講じていることは知っています。しかし、現実は……ご存じのとおりです。

このような場面を目の当たりにして、なんとかせねば、なんとかしたいと、模索する日々を私は過ごしてきました。たった一人、できることに限界はありますが、まずは小学生や中学生に仕事に対する意識をもってもらおうと、夏休みに「お仕事体験」をしてもらおうと考えました。仕事で関係している病院や企業に子どもたちを連れていって、実際に働く大人に会い、仕事をさせてもらうことにしたわけです。

それ以外にも、各学校で母親を対象にして開催されている「家庭教育学級」に出向き、子どもの自立や職業意識を育てる大切さの話をして回りました。機会があればどこにでも出向いていき、若者たちの現状や職業意識の話をして回りましたが、やはり参加者はかぎられたものでしかありません。何とかして公教育に入っていければ……と、さらなる模索のはじまりとなりました。

ところで、なぜ私は職業意識というものにここまでこだわるのでしょうか――たぶん、前職が影響しているのかもしれません。色彩心理学の資格をもっていることもあり、それに関するイベントをバレンタインデーに開催したときのことです。当然と思われる恋愛相談は一件もなく、仕事に関する相談ばかりで愕然としたことを覚えています。

相談に来た人びとが口を揃えて言うのは、「恋愛の前に仕事の安定が第一。結婚が永久就職というのは遠い過去の話」ということでした。つまり、男性の悩みと女性の悩みが同じものになっている現実を知ったわけです。

とはいえ、若い世代の男女に、企業側が求めているコミュニケーション力やポジティブさ、そして「やり抜く力」といった社会人としての基礎能力があるのだろうか、という疑問も生まれました。高い学歴を有しているからといって社会評価が高いとはかぎらない、これについては、日々のニュースを見ていれば分かります。そうなると、社会に出て就職をするということ、つまり仕事をするという意味に関しては、子どものときからその考え方を構築していく必要があります。要するに、大人になってからでは「遅い」ということです。

小学校、中学校、高校では基礎的な教養を中心に積み重ね、大学では興味をもった学問を追究する――これが本来の教育のあり方でしょうが、現在、大企業を中心とした有名企業に就職するために、大学自体が「就活準備場所」となっています。それを証明するように、多くの私立大学では「キャリアデザイン科」なるものまでが新設されています。近年、騒がれている少子化が理由で、学生を集めるための大学側の対策でしょうが、それだけ「就職」という言葉をセールストークとして使っているということです。

また、学歴によって給与などが違うという現実が一方にあるため、多くの親および学校が、社会の仕組みを教える前に大学に進学させることに心血を注いでいます（それも、かなりの無理をして）。そして、めでたく就職をしたとしても、約三分の一に当たる人が非正規雇用（年収約一七〇万円）となっています[1]。

また、厚生労働省が発表している「新規学卒者の就職状況」（平成三〇年一〇月）を見ると、就職した高校生、大学生の約三割が数年で離職しているようです。どうも、日本社会は「悪循環のスパイラル」に入ってしまっているようです。

このような問題を少しでも解決するために、私たちは夢授業を立ち上げました。もちろん、ボランティアとしての活動ですが、メンバー全員が社会的責任を強く感じています。そして、実施したあとの感想を聞くにつれ、「夢授業ができる学校は幸せなのかもしれない」と自負もしています。

一〇年以上前から、私はほかのカウンセラーとともに、子どもたちに向けて職業観を高めるための体験を通した活動を行うようになりましたが、あるとき、熊本県にある陸上自衛隊西部方面隊の再就職を支援するために出掛けました。その日、ほかのカウンセラーからの紹介で、のちに「北九州キャリア教育研究会」の代表となる木原大助さんに出会いました。木原さんには、夏休みに行う北九州市との協働事業である職業体験を開催するとき、子どもたちの送迎などを手伝ってもらうことになりました。

人のつながりが広まるというのは、モチベーションが上がるものです。とはいえ、先が見通せない日々が続くという日常は早々変わるものではありません。そんなある日、町内の回覧板で、校区の学校が出している「職業講話のボランティア募集」の案内チラシを見つけたのです。早速、その学校に出向き、校長先生、担任の先生方との話し合いをはじめました。

そして、講話形式ではなく、少人数の子どもたちがグループになり、職業人たちから直接話を聞くという授業スタイルが誕生しました。二〇一三年一一月一九日が、北九州市立萩原小学校、生徒数七七名、二七業種の職業人たちによる「夢授業」がスタートした日となります。

（1）　高校・大学を卒業した生徒・学生を対象に総務省が行った「就職構造基本調査」（平成二九年度）による。

当初、校長先生は、九州の大企業で、駅伝などで有名な「安川電機」の工場見学などを考えていましたが、それでは働く大人の話を聞くことができません。そこで、「職業の話をなるべく多くの人からさせます」と言ったのですが、校長先生は「多くの人を呼んでくれるのですか⁉」と、びっくりしていました。また、私の娘が在学してたときの担任教師がまだおられたので、仕事や就職の話をさせていただき、ほかの先生方の同意を得るために熱弁を振るいました。

キャリアカウンセラーとして話す藤田さん

とはいえ、職業人を集めるのは正直言って大変でした。具体的にどのようにして職業人を集めていったのか、またどのような仕組みになっているのかについては、以下の章で木原会長から説明をしてもらいます。現在、「北九州キャリア教育研究会」に所属している職業人は約一〇〇〇名、職種は数えきれません。これらのメンバーが、機会あるごとに小学校、中学校、高校を対象として夢授業を展開しているのです。

先日、夢授業をすでに行っている学校の先生方、そしてこれからはじめる予定となっている学校の先生方と研修会を開催しました。小学校から高校までの先生方が一同に集まるという機会は、日本の教育界においては滅多にないことでしょう。それが理由なのか、あまり前向きではない先生もいましたし、「校長から言われたから仕方なく来た」と話す先生もいましたが、研修会はとても盛り上がりました（第5章参照）。

諸外国に比べると日本は、トライアル期間やインターン制度がないうえに、ひとたび非正規雇用に入ってしまうと「やり直し」が難しい国となっています。それだけに、職業に就くときには、給料や雇用条件だけでなく、希望する職業のことを詳しく知ってほしいと思っています。いや、その前に、どんな職業があるのかについて知る必要があるでしょう。

それに、小学生のときからさまざまな職業人と接することによって、ひょっとしたら「受験地獄」から解放されるかもしれません。そうなると、本人が感じる負担も小さくなり、目指す職業に向けて、自分なりに頑張るようになる可能性があります。もちろん、教育者や保護者のバックアップも必要となりますので、子どもたちだけでなく、さまざまな機会において夢授業について説明をさせていただいています。

本書に登場する職業人は三〇名です。全メンバーの一部でしかありませんが、これは紙幅の関係なのでご容赦ください。各職業人が、自分の仕事のことをどのように子どもたちに説明し、子どもたちからどのような質問をされているのかなどについて、それぞれが書いています。

読者のみなさんには、自分だったらどのように説明するのだろうかと、想像しながら読んでいただければうれしいです。そして、「自分にもできそうだ」と思われたなら、周りの方々と相談しながら、ぜひ実践してください。本書を読み通すことで、開催の仕方なども分かります。

それでは、「夢授業の机上版」をはじめさせていただくことにします。

第1章

「夢授業」の誕生

（木原大助）

職業人集合——夢授業のスタート

初めての「夢授業」

二〇二〇年一月現在、約一〇〇〇人が職業人として登録しているボランティア組織「北九州キャリア教育研究会」ですが、振り返ってみると、二〇一三年三月、北九州市立萩原小学校（六年生）において、中学校への入学に向けた単発の授業として先生たちとともに企画したのが夢授業の最初です。「プロローグ」でも紹介されたように、萩原小学校区に住んでいた藤田さん宛に学校から「仕事について話してくれる職業人募集」という依頼が届き、そこから私のところに「誰かいないですか？」と話が回ってきたわけです。

藤田さんと知り合ったのは、彼女がキャリアカウンセラー、私がファイナンシャルプランナーとして、お互いの強みを生かした形でキャリア教育の支援活動をしていたときです。実は、私はこれまでに八回も転職を繰り返しています。システムエンジニアにはじまり、型枠大工、和食の職人、ファミリーレストラン、中華料理屋、居酒屋、貸しおしぼり業、そして現在の生命保険会社と転職を繰り返してきました。ちなみに今は、生まれ変わってもファイナンシャルプランナーとしてお客様の人生にかかわって働きたいと思っています。

現在、「採用」と「育成」という仕事を担当していますが、これまで経験した各職業でのことを生かして、キャリアカウンセラーとともに「ライフプラン」から「キャリアプラン」を考えていく講座を年に二〇～三〇回ほど開催しています。その一環として、一〇年ほど前から小学生を対象として行ったキャリア教育授業がありました。

この授業は藤田さんの企画で、行政の助成を受けて開催したものです。その内容というのは、夏休みにいくつかの企業を回って、そこで働く人から子どもたちが直接話を聞たり、実際に体験したりするというものです。たとえば、地元のサッカー球団の広報室を訪れて、選手以外にもたくさんの仕事があることを知ったり、広報室の人々と一緒に街に繰り出して、お店を一軒一軒回ってポスターを張らせてもらったりする仕事も体験しました。

「子どもだから……」と言って貼らせてくれる店もあれば、「子どもなのに？」と言って断ってくる店もありました。心を込めてお願いしたうえで一喜一憂する、そう、大人と同じ経験をすることができたのではないかと思っています。

ユニフォームの製作会社では、作業する熟練の女性従業員からミシンの使い方を習ったり、その人から、働く喜びや少々の自慢話を聞いたりもしました。子どもたちにとっては、ただのイベントではない、心に残るという体験になったようです。

この授業のなかに、私が担当した別パートがありました。それが夢授業の原型となるものです。そのパートというのは、子どもたちにできるだけ多くの職業人と出会ってもらいたいと思い、「合同就職相談会」のような形で多くの職業人のブースを回り、対話をしていくというものです。

小学生とさまざまな話をしていくなかで感じたことは、あまりにも職種を知らないということでした。褒められたことではないですが、転職経験の多い私からすると、その程度の知識で就職先を決めてよいのだろうかと不安に思ったぐらいです。

多くの職業について子どもたちが知る機会があれば就職でのミスマッチがなくなり、早くから職業を知ることで、その職業について調べたり、関係する業界のことを知ることもできます。経験上、本で読む職業についての紹介はやはり薄っぺらなものとなり、あまりにも現実離れしている場合が多いものです。さまざまな職業を経験してきたからこそ分かるのですが、働く人の「生《なま》の声」ほどその職業について分かる機会はありません。現在の夢授業は、このときの「合同就職相談会」をイメージして、小学生から高校生を対象にしてはじめたものです。

かつて、我が子に「将来どんな職業に就きたい？」と尋ねたとき、逆に「どんな職業があるの？」と聞き返され、答えに詰まってしまったことを覚えています。子どもたちは何から職業を選ぶのでしょうか？ それは、職業紹介の本からでしょうか？ それとも、いざ就職するときにその会社の案内を見て選ぶのでしょうか？ それで、自分に合った職業を選ぶことができるのでしょうか？

二〇一三年に行った萩原小学校での単発授業のあと、「子どもたちが大喜びで、意義のある授業だった」という評価を学校側からいただきました。この評価を聞いて、私の思いは子どもたちの願いでもある、と確信しました。考えてみれば当たり前のことです。ほぼすべての人が、小学生のときに「将来の夢」といったテーマで作文を書いているわけです。言葉を換えれば、それをよりリアルなものにしようというのが夢授業なのです。

萩原小学校の校長であった筒井知己先生は、翌年の二〇一四年、北九州市立上津役《こうじゃく》小学校に異動となりました。評判のよかった夢授業を上津役小学校でも実施したいという依頼を筒井校長から受けました（第5章参照）。しかし、実際に学校へ説明に伺い、学年担当の先生に説明をしてみると、すごく難色を示されたのです。その理由は、新しく来た校長がいきなり提案してきたこと、そして、すでにさまざまな取組をしている現場は手一杯で、これ以上新しい授業を追加しようという提案には同意できない、というものでした。

この先生の気持ち、私にもよく分かります。なぜなら、私の娘が通っている学校に夢授業をかつて提案したとき、「お父さん、すでに学校ではそんな授業はやっていますよ！」と、話を最後まで聞いてもらえなかったという経験があるからです。

娘が通う学校の話には後日談があります。この学校の校長先生は翌年に異動されたのですが、ある日、夢授業を開催したとき、どなたかに誘われて職業人として参加されました。そのときに私を見つけて駆け寄ってきて、「お父さん、このことだったのですね！」と驚かれていました。もちろん、その場で夢授業のファンになり、すぐに私の娘が通う学校に話をするために行かれ、娘が卒業する前に、私は夢授業を我が子に実施することができました。

話を上津役小学校に戻しましょう。難色を示すのは、一所懸命頑張っている先生だからこそ当たり前のことなのだと思いつつ、改めて心を込めて説明を続けました。そして、次のように言って、決定するかどうかを小学校に委ねました。

「こちらも忙しい仕事の合間を縫って多くの方に集まっていただくので、担当学年の先生がやりたくないのであれば私もやりたくありません。無理を言うつもりはありません」

この言葉が決定打になったのかどうかは分かりませんが、このあとはスムーズに話が進み、無事に夢授業を開催し、その後も毎年続けるというモデル校になっています。その詳細は、第5章で筒井先生自らに語っていただくことにします。

余談ですが、このときに難色を示していた先生は、開催して以来夢授業のファンになり、以後ずっと北九州キャリア教育研究会を応援してくれています。それだけでなく、事あるごとに学校現場の状況について話していただけるという間柄になっています。

二年目の二〇一四年はこの小学校のみの開催でしたが、その後、少しずつ評判が広がっていきました。広がっていった理由となると、知り合いを通じての口コミが大きな要因となりますが、その一方で、ＳＮＳを通じての活動紹介や、登録されている職業人でもある広告代理店の人が無料でつくってくれたＤＶＤを開催予定の学校で見てもらうことで、より詳しく内容が紹介できるようになったことも挙げられます。

それにしても、「口コミ」というのは凄いものです。当初は、知り合いが「こんな授業があるよ」とか「面白いことを学校でやっているよ」などと話していただけですが、開催した学校の先生が異動することによってほかの学校にも知られるようになりましたし、職業人として参加した人の子どもが通う学校にも広がっていきました。多くの大人が、潜在意識のなかで望んでいたことなのかもしれません。

それが理由なのでしょうか、三年目の二〇一五年になると、ほかの学校からもたくさんの依頼が来るようになりました。そして同年、職業人約一〇〇人、事務局メンバー五人という体制で「北九州キャリア教育研究会」として活動していくことにしました。「研究会」という言葉には、今いるところから研究しながらみんなで進んでいこう、という意味が込められており、さらなる発展と継続を考えてのことです。

この年には、中学校を含む七校で夢授業を開催しています。そのなかには、二校同時開催という離れ業まであります。このような実績が伝わったのでしょうか、下関市に住んでいる人から、「下関まで地域を広げて、『関門キャリア教育研究会』にしないか」というお話をいただきましたが、このときは丁重にお断りしました。というのも、当時は、それぞれの地域に住む大人が、その地域の子どもの顔を見ながら子どもたちの未来を想造し、つくりながら発展させていくのが「北九州キャリア教育研究会」のポリシーだと確信していたからです。この時点では、ほかの地域に広げる気持ちはまったくありませんでした（現在の考え方については後述します）。

子どもたちにとって「より良い社会」をつくることが大人の役割です。しかし、現在の日本は、お世辞にもより良い社会をつくるために邁進しているとは言いがたい状況となっています。何をもってそう言えるのか……その答えはみなさんが知っていることでしょう。

日本の未来を考えたとき、子どもたちの心を耕し、希望の種をまいていく必要があります。それが社会を変えていく方法だと信じて集まった大人たちが、このボランティア組織を運営しています。より良い社会をつくるためには、もちろん制度や法律も必要となりますが、それ以前に、それらをつくる人を育成していくことが大切だと私たちは考えています。そのためにも、子どもたちに「社会を知ってもらう」必要があります。その一環として、私たちは夢授業を行うことにしたのです。

ネイティブアメリカン（アメリカ大陸の先住民）は、七代先の自分たちの子孫のことを考えて生活し、その行動を決めていると聞いたことがあります。今、この森の木を切ってもよいのか、この動物を仕留めてもよいのか、川を堰き止めて魚を捕ってもよいのか——すべての判断が七代先の子孫のことを考えて下されているのです。

現在の私たちの社会は、「己」が中心ではないでしょうか？　政治はどうなっているのか？　予算はどうなっているのか？　誰が誰のために？　現在の社会は、私たちの先祖が築いてきてくれたものです。それを踏まえて、今、私たちは何をするべきなのか――。その思いを形にしたものが夢授業なのかもしれません。「国家百年の計」と言えば「生意気な」という言葉が返ってきそうですが、私たちは一〇〇年後の素晴らしい日本、そして素晴らしい社会を常にイメージして活動を続けています。

まずは、以下において夢授業の概要を説明していくことにします。

「夢授業」の概要

どのように実施しているのか――その意義

一般社会で楽しく熱心に働いている職業人たちを学校に派遣し、子どもたちに「どんな職業か」や「働くことの意義」について語ってもらいます。もちろん、事前に職業人への質問項目をまとめるなどの準備をそれぞれの学校で行っていただき、子どもたちが期待感をもって夢授業にのぞめるようにしてもらっています。

事前学習においては、各学校ともさまざまな工夫がうかがえます。素晴らしい事前学習や事後の振り返り学習に関する報告がたくさん届くようになりましたので、最近では先生方に集まっていただき、その発表会や研修を行うという機会を夏と冬に取っています。先生方が一堂に会する「夢授業研修会」（第5章で詳述）には、市外どころか県外からも来られますし、教育委員会の人も集まるようになってきました。これも、「北九州キャリア教育研究会」の組織と「夢授業」の魅力ではないかと自負しています。

夢授業の会場となるのは各学校の体育館です。ほとんどの場合、五、六校時を使って行っています。掲載した写真のように、二〇人から最大八〇人（高校の場合は多い）の職業人が点在してブースをつくり、一五分のセットを五回設け、子どもたちからの質問を受けるという形で話し合っていきます。

途中、三回目と四回目のセット間に同じく一五分の「フ

夢授業の風景

表1　夢授業当日のスケジュール

	時間	事　柄	備　考
	12：00	事務局集合・準備(体育館)	備品や長机を入り口横に準備する。
	12：30	受付開始	体育館入口にて、12：45より初参加者オリエンテーション。
	13：00	職業人準備完了	ひな壇に並ぶ。
	13：10	職業人オリエンテーション	記念写真。校長または学年の先生の挨拶など。
夢授業	13：25	生徒入場	職業人の準備ができ、司会者の指示で入場。
	13：30	全体オリエンテーション	全体挨拶、自己紹介（10秒／１人)。
	13：40	移動（５分)	生徒はフリータイムの間に回りたい職業人を書き出しておく。
	13：45	１回目	15分（15分連続のタイマーセット)
	14：00	２回目	
	14：15	３回目	
	14：30	休憩（15分)	フリータイム兼トイレタイム。
	14：45	４回目	
	15：00	５回目	
	15：15	移動	(５分)
	15：20	生徒感想シェア	生徒と職業人の感想（３名程度)。
	15：30	先生職業人	先生に最後の職業人として話をしてもらう。
	15：35	落水さんのお話	５分。
	15：40	生徒挨拶	なくてもよい。
	15：42	移動(アーチを作る)	卒業式や生徒たちの想い出の曲をかける。(曲名　　　　　　　　　　)
	15：45	生徒退場	司会者が終わりの言葉を言った後、ハイタッチ誘導。
	15：50	職業人移動あり	体育館→シェア会会場。
	15：55	感想シェア会	先生方も参加。
	16：20	解　散	

表2　夢授業の実施意義

◆子どもたちにとって	①子どもたちに職業観を芽生えさせ、育てることで将来への夢をつくる。 ②子どもたちに将来への希望をもたせることで、日々の学習や生活すべてにおいて生きがいをつくる。 ③社会は多様な職業で成り立っていることを知ることで、社会への感謝の気持ちを芽生えさせる。 ④早く大人になりたい、そして大人を楽しむためにたくさんの準備がしたいと思わせる。
◆学校にとって	①子どもたちの学びの姿勢が強くなる。 ②子どもたちが元気になる。
◆職業人にとって	①自分自身の仕事を見つめ直すよい機会になる。 ②自分の職業における「よい仕事」がどんな仕事なのか。明確になる。 ③参加した職業人同士が使命感や志を互いに磨き合い、成長していく機会になる。
◆企業にとって	①参加した従業員が、自分の仕事に対する使命感が強くなる。 ②次の授業に参加したときに、子どもたちに話せるように、従業員がより志が高くなり、仕事に打ち込むようになる。
◆社会にとって	①やる気のある、生き生きと働く社会人があふれる。 ②それぞれの職業に、志が高い人材が集まる。

リータイム兼トイレタイム」を設けていますが、ほとんどの子どもはトイレに行くこともなく、興味のある職業人の間を走り回って話を聞いています。つまり、子どもたちは、約二時間で少なくとも五人の職業人から話を聞くということです。多い子どもは、フリータイム含めて一〇人ほどの職業人から話を聞いています（**表1**参照）。

どんな話をしているのか、具体的な内容は第3章以降で各職業人から説明してもらいますが、大まかに言うと、それぞれの職種の概要や職業観などが話されています。このような対話（会話）をすることにどのような意義があるのでしょうか。それについては、**表2**としてまとめましたので参照してください。

ちなみに私は、各職業人に対して、仕事の内容ばかりに偏ることなく、生きてきた人生観やその仕事に就くことになった経緯などについて話して欲しいとお願いしています。要するに、職業人の生きてきたドラマです。子どものころの夢、夢が変わっていく過程、そして夢が膨らんでいく過程です。助言をくれた人、助けられたことなど、一人ではなし得なかったということについて話してもらうようにお願いしています。

現在の組織構成

二〇一三年に二七人の職業人でスタートした夢授業ですが、二〇二〇年一月現在、約一〇〇〇

表3　職業紹介シート

①名前	⑪退職年齢
②年齢	⑫気を付けていること
③仕事に就いた年齢	⑬その仕事に向いているタイプ
④職業	⑭子どものころの夢
⑤具体的な仕事の内容	⑮これから先の夢
⑥どうすればなれるか	⑯その仕事に就いた動機
⑦その仕事の楽しいところ	⑰苦手な人との付き合い方
⑧その仕事の大変なところ	⑱苦手なことの乗り越え方
⑨お給料の仕組み	⑲子どもたちへのメッセージ
⑩勤務時間帯	

人もの職業人が登録されています。そのうち、約六〇人が事務局スタッフとして運営にあたっています。一見すると、かなり多い職業人の数となっていますが、現在、日本には一万七〇〇〇種類の職業があると言われていますので、「まだまだ……」と私たちは考えています。

では、どのようにして一〇〇〇人もの職業人を集めたのかと言いますと、参加した人からの紹介が約九割です。残りの一割は、学校がＰＴＡや地域へ声掛けをしてくれたときに北九州キャリア教育研究会とのご縁ができた人や、フェイスブックやネットを通して「お手伝いがしたい」と名乗り出てきてくれた人となります。

各職業人は、登録をする時点で「職業紹介シート」を会に提出しています。そのシートには**表3**に挙げた項目に関する回答が記載されており、事前に夢授業を受ける子どもたちに公開されています。このシートに記入することも、各職業人が自らの職業観を見直す機会となっています。

また、職業人として登録する条件として、以下の項目も定めています。これには、当研究会の目的と意義に賛同できる人を選出するという意味が込められています。

❶現在の職業が好きで、たくさんの子どもたちに仕事のよさを伝えたい。そして、できることなら同じ仕事に就いてもらいたいと思っている。
❷職種を代表して、仕事のよさを伝えたい、伝えるための努力をする。
❸子どもたちに、より興味をもってもらうよう、より伝わるように努力を惜しまない。
❹この仕事で生計が成り立っている（金額は問わない）。※以前の職業も可。
❺キャリア教育の趣旨をよく理解し、売名行為としての参加ではない。
❻その職業において志高く働き、社会のために働く意識がある。
❼北九州キャリア教育研究会のルールに従って活動を行う。
❽子どもによき大人として接し、憧れの存在として見られる振る舞いを意識できる。
❾北九州キャリア教育研究会の業務に関する連絡には、できるだけ迅速に正確に対応できる。
　※事務局も完全ボランティアのため、ご協力いただけるとありがたい。
❿日頃からよき社会人としてのモラルを守り、生活をしている。

⓫北九州キャリア教育研究会の登録要件とするすべての書類が提出できる。
⓬北九州キャリア教育研究会で知り得た個人情報や活動内で撮影された写真などを、事務局の許可なく使用しない。

とくに、❿に関しては、子どもたちによい影響を与える大人であり続けるためにも、みんなで成長していこうという意味が込められており、みんなで大切にしています。夢授業は、大人が成長する場であり続け、魅力ある大人が連鎖する場でもありたいのです。

研究会や懇親会などを行うときに意識している暗黙のルールがあります。絶対に食事は残さない、すべての食器をまとめて片づけやすくして帰るということです。ささいなことですが、「誇り」をもてる会にしようと考えています。このように記述すると、なんかお役所的な感じがしますが、夢授業の現場を一度でも見られた人は「虜」になって、職業人として巻き込まれてしまうようです。そんな一例を紹介しておきましょう。

ある職業人との出会い——スリランカ人のルパクさん

北九州市の隣町で夢授業を開催したときのことです。その日は少し早めに出掛けて、開催学校の近くでランチを食べながら打ち合わせをしてから学校に向かうことになりました。たまたま見つけた、学校の近くにあるカレー専門店に入ることにしました。スリランカ人が経営されているお店で、お料理はとても美味しかったです。

食事が終わったころ、手が空いた店長のルパクさんがわざわざ挨拶に来てくれました。私たちを喜ばせようと、いろいろな話をしてくれるルパクさんの言葉に引き込まれるように、夢授業の話をしてしまいました。その話にルパクさんはすごく感銘を受けたようで、「ランチタイムが終わったら見に行ってもいいか?」と話が弾んだのです。まだ見ていないのに、「スリランカでもできたらいいなー」とまで言い出したぐらいです。

その後、店を後にして学校に向かい、夢授業開催の準備が終わったころ、ランチタイムの営業を終えたルパクさんが会場に来られました。ちょうどそのとき事務局に連絡が入り、予定していた職業人の一人が欠席となったのです。メンバー一同、「さて、困った……」と落ち込むかと思いきや、その場の雰囲気が一気に盛り上がり、「よし、ルパクさんにお願いしてみよう!」ということになったのです。戸惑いなが

スリランカ人のルパクさん

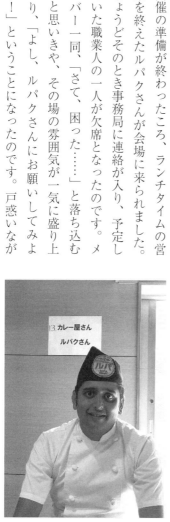

らも流れに巻き込まれてしまったルパクさん、言葉の壁も少しあり、「スムーズに」とまではいきませんでしたが、このうえなく楽しい夢授業となりました。

このような出来事、みなさんは信じられますか？　話を聞いただけ、何の準備もしていない人が子どもたちに自らの仕事について語り、その空間を楽しむことができたのです。仕事に対するモチベーションは、このようなことがきっかけとなって高まるのです。

もちろん、これ以後、ルパクさんとはたびたび話すようになっています。二人の現在の夢は、スリランカで「キャリア教育研究会」を立ち上げ、夢授業が開催されることです。日本とはまったく違うものになるであろう夢授業、今から楽しみです。また、その違いを知ることで私たちの視野が広がり、「インターナショナルな夢授業」を開催することができるかもしれません。

事務局のお手伝いをしてくれるようになった人

年に数回、市からの依頼を受けて、私は高齢者向けの「リタイアメントプランニング」のセミナーをしています。そのなかで、植木泰代さんという女性に出会いました。年齢は七一歳（当時）、私の母親と同じぐらいです。

セミナーでは、「何歳になっても夢をもつことはいいことですね」という話をよくしているのですが、あるとき、パソコンに入っていた夢授業の写真を見せて、「こんな世の中になって欲しい、それが私の夢です」と話したことがあります。セミナーが終わったあと、植木さんが私のところにやって来て、「私にもできることないかしら?」と言ってきたのです。一瞬、(これは面倒なことになりそうだな)と思ってしまったというのが正直なところですが、笑顔で「是非、お手伝いに来て欲しいです」と伝え、開催が予定されている学校をいくつか伝えてその場は終わりました。

後日、ある開催校に行くと、植木さんが誰よりも早く来て私たちを待っていたのです。スマホも持たず、車も持たない人が、バスを乗り継いで学校まで来ていたのです。娘さんに、「お母さんが行っても足手まといになるだけだから……」と何度も止められたそうですが、子どもたちの未来のために何かをしたいという気持ちがあふれてしまったようです。

「何でもいいから働かせて欲しい」と言って、とうとう毎回、職業人が来たときに履く「スリッパ並べ」の専属スタッフという座を手に入れました。現在では、受付全般をテキパキこなす「受付嬢」となり、スマホを使いこなすまでにもなっています。もう、なくてはならない存在です。

そんな植木さんから、素晴らしいメッセージをいただきましたので紹介します。

出逢い　　　　　　　　　　　　　　(植木泰代・七二歳)

平凡な生活を送っていた私が、素敵な出会いをいただきました。二〇一七年、「北九州市民カレッジ」講座で講師を務めていた木原大助さんとの出会いです。そこで、人と人とのつながりの大切さを学びました。

木原さんは、「夢授業を通して、子どもに大人の考えを押し付けず、子ども自身に自分の進むべき道を選ばせ、体験させる。人は人に出会って成長する」という趣旨の話のほか、「子どもたちに対して、より良い社会をつくることは大人の役割です。この国の未来を考えたときに、子どもたちの心を耕し、そして希望の種を蒔いてあげることがこの社会を変えていくことです」ということも話されていました。

この熱意あふれる木原さんに私は惹かれ、早速、夢授業を見学してみることにしました。そこでは、職業人の話を聞く子どもたちのキラキラとした目に触れることができました。言ってみれば、このことが、私を北九州キャリア教育研究会に足を一歩踏み入れるきっかけになったと思います。言葉を換えれば、「キャリア教育」へと前進させる「電波」が走った瞬間と言っても過言ではありません。

「受付嬢」の植木泰代さん

子どもたちは、生まれてから両親の姿を見て育ち、自分たちを取り巻く社会に関心をもつようになったあと、仕事に興味をもつようになります。それゆえ、感性が芽生えるこの時期に夢授業を行うことには意義があると思います。生涯の仕事を選び、すでに経験している大人（職業人）の口から直接子どもたちに伝えることは、最高のキャリア教育となります。さらに、人を思い、仕事をするということは、住みやすい社会の形成にもつながります。

職業人のみなさんはボランティアです。自身の仕事を休み、子どもたちのために伝えるということは、子どものこと、社会のことを心から思う、心の広い人にしかできません。経験豊かな職業人の話を直《じか》に聞ける子どもたちは、幸福だなーとも思います。

子どもたちはというと、職業人の話を聞く前から表情が生き生きとして、瞳がキラキラと輝いています。職業人との交流が終わると、子どもたちと職業人の「感想シェア会」があります。子どもたちの感想を聞いた職業人のなかには、その姿を見て感動し、涙ぐむ人もいます。同じ場所にいる私も、このような感動を共有することができて心から嬉しく思い、ハッピーな気持ちになります。

毎回、人とのつながりや出会いの大切さに気づかせていただいていますが、人生や仕事は、言うまでもなく「自分のもの」です。背伸びをせず、人とのかかわりを大切にし、自らが幸福を感じることができれば、自分の周りや社会に「幸福の輪」が広がっていくのではないでしょうか。

木原さんの意欲ある行動や夢授業にかかわる職業人の方々、そして子どもたちや先生方との出会いそのものが私にとっての夢授業です。このような「最高の出逢い」に、感謝しています。

職業人の楽しみ

つながりと教師体験

職業人の楽しみの一つと言えば、学校の先生方と「教育について」や「子どもたちの未来について」話ができることです。社会人となってからは、子どもの参観日や部活の応援くらいしか学校とは縁がないのですが、夢授業にかかわると必然的に先生方ともかかわることになり、教育に関するさまざまなことを一緒に考えて実行していけるという楽しみがあります。

そして、子どもたちの前で話をするということは、「先生になる」という疑似体験でもあるので、緊張感をはるかに上回るだけの高揚感も生じます。本当は先生ではないのに、私たち職業人の話を真剣な眼差しで、メモを取りながら聞いてくれるのです。子どもたちが「師」と仰いでくれる、各職業人の人生が誰かのためになるかもしれない、これも快感かもしれません。

また、各職業人は、この夢授業にかかわることで多種多様な職業人とつながることになります。業種を超えてのつながり、これも楽しみの一つとなっています。このつながりには、仕事の関係（利害関係）による喜びもありますが、それよりも、さまざまな生き方や考え方に触れることでお互いに元気や勇気をもらっているほうが勝っています。

多様な職業人が集まって、いろいろな研究会も誕生しています。その名も「北九人生会議」、厚生労働省が推奨する看取りに関する勉強会です。介護職、看護職、医療職、葬祭業、司法書士、宗教家、そしてファイナンシャルプランナーが集まり、二か月に一度勉強会を開き、キャリア教育研究会にかかわっている人だけでなく、その友達まで含んだ形で人生のエンディングについて語り合っています。

人はどのように看取られたいのか、どのように看取っていきたいのか――多くの職業人が集まって真剣に話し合う姿はとても見応えがあります。ちなみにですが、ここでの「つながり」が理由で、二〇二〇年に結婚式を挙げるというカップルが三組誕生しています。「人生会議」ならぬ「縁結び会議」かもしれません。

感動の手紙

夢授業に参加する職業人は、当日、体育館に集合したら、まず封筒を事務局のスタッフから受け取ります。受け取った封筒に、自宅または職場の住所を書いて受付に提出します。この封筒は、子どもたちがその職業人から聞いた話をもとに感想などを書いた手紙を入れてもらうためのものです。

職業人は、この手紙が届くことを楽しみに待っています。感動のあまり、その手紙を持ち歩くという人もいます。僭越ながら、ファイナンシャルプランナーとして私が参加した際に届いた子どもたちからの手紙をいくつか紹介しておきましょう。二〇一九年三月、北九州市立松ヶ枝北小学校と伊川小学校に通う六年生を対象にして夢授業を行ったときのものです。

ぼくはファイナンシャルプランリーという仕事を初めて知りました。仕事の内容はお金を使う計画を立てることで、例えば旅行でディズニーランドに行くならいくらで足りるか、車や家を買う時の予算はどのくらいがいいのかというような内容でした。

木原さんが持っていた夢には自分の目標ややりたいことが書いてあり、ぼくも予算で困ったら何年後か相

「ボードゲーム」を使って「人生を楽しむ」について話す木原会長

談しに行ってみようかと思います。一度ぼくもファイナンシャルプランナーの仕事をやってみたいです。（MI）

ぼくは、こんな仕事があったことをはじめて知りました。はじめ、名前を聞いたら、なにをする人なのか良くわかりませんでした。でも、話を聞くと、とても大事なことなんだなと思いました。一〇〇万円貯めるときは、たばこをやめて、お酒を一本にすれば、一〇〇万円も直ぐ貯まっていることがわかりました。ぼくも、家を買う時は、ファイナンシャルプランナーの人に話を聞きたいです。（TS）

いかがですか？　六年生とは思えないような感想をいただき、私も感動してしまいました。大人ですら「ファイナンシャルプランナー」という仕事について理解している人はそんなにいません。ましてや、子どもたちが事前に知っているはずがないこの職業について、一五分ほどの話でそれなりの理解をしてくれたのです。子どもたちがもっている知識欲、侮ることはできません。

子どもたちの感想が入っていた封筒には、新森勝貴校長（松ヶ江北小学校）からのお礼状も同封されていました。その内容も紹介しておきましょう。

先日の「夢授業」では、大変お世話になりました。多くの職業人の皆様にお話をしていただき、まさに将来の自分の姿を考えるキャリア教育となりました。子どもたちは〝本物〟との出会いに心を揺さぶられ、多くを考え想像します。身を乗り出し、目を輝かせる子どもの姿に感動しました。将来のことは決めなくても自分の未来を想像し、考えるきっかけとなり、様々な職業や働く方の思いや願いを知ることができたことで、一人一人が自己を見つめ直すことができたようです。本当にありがとうございました。来年もお願いします。

「こちらこそよろしくお願いします」と、改めてお礼を言いたくなる手紙でした。

驚きの職業人

職業のなかには、警察官や看護師のように小学生なら誰でも知っているものもありますが、日本に、いや世界に一人しかいないという職業もあります。そんな職業人である、絵本リマインダーの「よっちゃん」こと八坂禎則《よしのり》さんは、子どもたちに「好きなことを仕事にしたらよい」と語っています。そして、「もし、そんな職業がないのなら、自分でつくってしまったらよい」と話してくれました。

転職を繰り返してきた私ですら、「そんな発想があるのか！」と驚いてしまいました。八回転職をしたわけですが、さすがに「職業をつくった」ことはありません。こんな「驚き」も、夢授業を開催する楽しみになっています。

さて、文字どおり自分でつくってしまった八坂さんの職業である「絵本リマインダー」とは、大人を対象にして絵本を読むという仕事です。朗読会とはちょっと違って、グループワークを通して参加者が自分自身を見つめ直す機会となります。是非、みなさんにも聴いて欲しいところですが、聴かれる前の予備知識として、ご本人による説明とともに、八坂さんの夢授業に対する想いを読んでください。

絵本リマインダー

（八坂禎則）

大人に絵本を読む仕事「絵本リマインダー」の八坂禎則です。幼稚園や保育園の先生方をはじめとして、ＰＴＡの研修会などから依頼をいただいています。二〇一六年六月、北九州市ＰＴＡ協議会より研修の依頼があったときです。市内にあるほぼ全校のＰＴＡ役員が参加されており、みなさんとお話することができたのですが、そこで初めて北九州キャリア教育研究会という組織の存在を知りました。とても興味が湧きましたが、組織内に知り合いがいるわけでもないし、北九州市民でもない私が参加するには至りませんでした。

それから一年以上経ったある日、お世話なった中学校のPTA会長から夢授業に参加しないかという誘いがありました。ずっと気になっていただけに参加することを決めました。何の情報もなく、興味本位で参加して最初に驚いたのは、平日の昼間にもかかわらず「たくさんの大人がいる！」ということです。自分のことを棚に上げて、「みなさん仕事は大丈夫？」と思うと同時に、子どもたちのために都合をつけて参加している北九州市の大人たちに「熱いもの」を感じてしまいました。

いよいよ、緊張した面持ちで子どもたちの入場です。職業人一人ずつが自己紹介を終えたあと、私にとって初めての夢授業がはじまりました。中学校では事前学習をしっかりしていたようで、私がどのような仕事をしているか分からないにもかかわらず、子どもたちから、「この仕事をはじめたきっかけは何ですか？」、「この仕事のやりがいは何ですか？」、「この仕事をしていてよかったと思えることは何ですか？」など、しっかりとした質問を冒頭から受けました。ただ、目の前にいる五人の子どもたちの行動を見ていると、私の答えをメモすることに一生懸命で、友だちの質問をしっかりと聞いているようには感じられませんでした。どうやら、子どもたちは私の発言をメモすることが目的にな

素晴らしい笑顔の八坂禎則さん

っていたようです。

これでは子どもたちとの対話にはならないと考えた私は、二セット目からは、絵本を通して子どもたち自身のことを考えてもらったり、私の仕事を体験してもらうことにして、こちらのほうからいろいろと尋ねることにしました。その代表的なものが、今ではどこの学校に行っても尋ねることになっている、「願いが一つだけ叶うとしたら？」というものです。

多くの子どもたちの答えを聞いて、現実を思い知らされました。一番多い答えが「志望校合格」だったのです。本当に、子どもたちの本心なのでしょうか？　子どもたちの願いというよりは、親の願望に思えてなりません。まだ社会経験が浅い子どもたちの思考は、親を含めて周りにいる大人の影響を強く受けます。偏差値の高い高校や大学に進み、有名企業に就職することが幸せだと大人から刷り込まれているのでしょう。確かに、それも幸せになる道の一つだとは思いますが……。

「志望校合格」と答えた子どもたちに、次のような質問をしてみました。

「志望校合格のあとはどうするの？」

ほとんどの子どもたちが答えることができません。「何のために志望校に合格したいのか？」とか「誰のために志望校に合格したいのか？」など、子どもたちに考えてもらうようにしています。もちろん、その答えはすぐには出ないでしょう。それだけに、「幸せになる道はほかにもたくさんあるよ！」と選択肢を示して、子どもたち自身が決められるようにすることが大人の役割だと考えています。

夢授業に参加する楽しみは、何といっても子どもたちから届く感想文です。印象に残っており、嬉しかった感想文をいくつか紹介します。

「私ははじめ絵本リマインダーという職業を知らなかったけど、お話を聞いてわかりました。絵本を読んでお話することで、お話を聞いている人の心がやすらぐのですごいなと思いました。私の将来の夢は小説家です。今から一生懸命努力したいと思います」（小学生）

「一番楽しかったです。特に面白かったことは、絵本を読んでもらったり、質問されたりしたことです。じぶんの好きなところはすぐに言えなかったので、これからもっと自分の好きなところを考えたいと思います。大人に絵本を読んでお客さんを笑顔にさせる仕事はとてもいい仕事だと思います」（中学生）

「話の中で志望校合格の先を考える。というお話が心に残っています。教えていただいたことを思い出し生活していきたいです」（中学生）

「自分で作った職業をしていることにびっくりした。自分自身がやりたいことをやって、新しい挑戦をすることも大切だと感じた」（高校生）

「どうしてもやりたい、でもできない、だったら自分で作って名乗ればいい!!という言葉。

今回のキャリア教育の中で最も印象に残っています。私は『どうしてもやりたい』ことがあってどのように実現するのか迷っていました。今回のお話を聞いて、自分の夢がどうしたら叶うのか！　ヒントを知ることが出来ました」（高校生）

子どもたちは大人をよく見ています。たった一五分の話で私の仕事や目的を理解するのですから、「スゴイ」としか言いようがありません。

良いにしろ、悪いにしろ、子どもたちは大人から大きな影響を受けます。このことを普段はあまり意識していない大人が多いわけですが、夢授業に参加することで改めて意識し、実感することができます。それゆえ、夢授業は大人にとっても素晴らしいプログラムだと言えます。

これからの時代は、今までの仕事がＡＩに取って代わられ、新しい仕事が増える時代だとも言われています。私の個人的な夢は、「大人に絵本を読む仕事」を職業として確

絵本リマインダーとして働いているときの八坂さん

立し、子どもたちに職業選択の一つとして提案できるようにすることです。そのためにも、「絵本リマインダー」という仕事が社会的に認知されるように私自身も活動していきたいです。

北九州市からはじまった夢授業が福岡市でも開催されるようになったことは、事務局としてかかわっている私にとっても嬉しいことです。組織が大きくなるといろいろな考えの人が参加してくるために問題も生じるでしょうが、「子どもたちの役に立つ」という想いのなか、時には譲り、時には譲ってもらうことで、多くの子どもたちが夢授業を体験できるように努めていきたいです。この素晴らしい夢授業が全国に広がるように、微力ながらお手伝いしていきたいです。

子どもたちに「気付き」を促す八坂さんの言葉、私も「そりゃ、そうだ!」と思わず頷いてしまいます。このような人が絵本の読み聞かせをしている空間、のぞきたくなりました。絵本に書かれている一語一句、八坂さんが読むと大人にはどのように伝わるのでしょうか。すでに聴かれたことのある人であればお分かりなのでしょうが、私も同じような感動をしたいものです。

さて、八坂さんの言葉にもありましたように、現在、夢授業は北九州市を飛び出して、近隣の市町村でも活動を展開するようになりました。その様子を次章で述べていくことにします。「口コミ」とは恐ろしいものであると同時に、やはり「スゴイ」ものです。

第2章

「夢授業」の広がり

出張「夢授業」（平郡島）での見送り

初めて児童養護施設の子どもたちに向けて夢授業を開催したのが二〇一六年です。一〇施設近くの子どもたちを集めて、あるホールを借りて開催したのですが、このとき「お金の勉強会」も同時に開催しました。また、施設を卒園してからの夢を語ったり、生活について学んだり、困ったときの対処法などについても学んだのですが、このときの経験が以後の夢授業開催に大きな影響を与えることになりました。このときの様子については、施設職員である川原好幸さんに第5章で語っていただきます。

同じ時期、北九州市の近隣にある田川市の小学校から依頼を受けました。事務局をしている仲間からの紹介でしたが、あまりにも遠方であるため、人集めや私の時間が取れるかなどと考えて、開催するだけの自信がありませんでした。しかし、担当される先生が車で一時間という道のりを走り、私の職場まで訪ねて来られた行為に心を打たれてしまい、開催を決めました。

近隣に広がりはじめた「夢授業」(二〇一七年)

田川は、炭鉱が閉鎖されたあと、雇用環境がかなり厳しい状態になったところです。実施校の校長先生から聞いた話によると、四世代にわたって働く意欲がなく、生活保護を受けている家庭などもあり、子どもに「お前が働くと生活保護が打ち切られる」と話している親がいるということでした。また、隣り町では、所得が少ないために給食費を払わなくてもよくなったことを、「やったー！」と言ってみんなの前で喜ぶ子どももいると聞きました。

子どもは大人の背中を見て育ちます。また、親が何を話しているのかをしっかりと聞いてます。当たり前のことですが、子どもは親の言葉や行動に流されて生きていくことになります。価値観や判断基準も、そこから学んでしまうことになるでしょう。

こんな地域に住む子どもたちにも将来に対して夢や希望をもたせたい、というのが担当する先生の思いでした。これは、「子どもたちの未来に希望の種を」という北九州キャリア教育研究会の趣旨とも一致しています。北九州市外での初めての開催ゆえに不安もありましたが、「是非、やりましょう！」とその場で開催が決まりました。地域の大人が、地域の子どもの顔を見ながら思いを語る――それが夢授業なのです。

このときの開催がきっかけとなって、「田川キャリア教育研究会」という支部が発足しています。その経緯について、代表を務めている篠原毅さんに語ってもらうことにします。

初めての支部となる「田川キャリア教育研究会」

（篠原毅）

二〇一七年、以前から親交のあった木原会長が私の地元である田川で夢授業を開催することを知りました。当時の私は、個人でコンサルタント事業を立ち上げたばかりで、悩む日々を過ごしていましたが、生まれ育った田川が大好きで、何かのきっかけとなればという思いから職業人としての参加を決めました。とはいえ、どんな仕事をしているのか自分の子どもにすら話したことがなかったため、「小学生に伝わるのだろうか？」という不安を抱えたまま資料作成を行い、当日、何とか初めての夢授業をやり遂げました。

「田川が大好き」と語る篠原毅さん

翌日、田川地区で発行されている新聞を見ると、ある子どもの感想が掲載されていました。「コンサルタントの話を聴いて、裏で支える仕事もいいかなと思った」と、私のことが紹介されていたのです！　最高に嬉しく、これが励みとなって、迷いがあった事業の方向性も明確なものになりました。夢授業に参加したことが、子どもたちに自分の仕事について説明したことが、自らの事業を見つめ直すきっかけとなったわけです。

その翌年です。木原会長から、「田川で、キャリア教育研究会初となる独立した地区会を立ち上げたい」という依頼を受けました。二つ返事で私は、地域にあった夢授業で田川を元気にしようと、支部の立ち上げを決めました。田川でなければ引き受けていないと思います。その理由は明解で、地元の田川が大好きだからです。

しかし、現在は車で一時間も離れた北九州市に住み、仕事の拠点もそこであるため、社会人になってからは地元との交流がほとんどありません。そこで、高校時代の友人に会って夢授業の趣旨を理解してもらい、仲間集めに尽力してもらうことにしました。少しずつでしたが拡散されていき、無事に地区会の立ち上げを果たしています。一〇代のころ、ともに過ごした仲間は何といっても心強かったです。すでにつながりのある仲間たちには細かな説明は不要でした。

これ以後、仕事の合間をぬっては月に何度か北九州市から田川を訪れ、老若男女問わず、さまざまな職種の人との出会いが生まれています。夢授業に参加してくれる職業人を探すことが目的だったのですが、気付けば、仕事のこと、子どもたちのこと、そして田川の未来について語り合うことが楽しみとなっていました。もちろん、仲間もどんどん増え、私一人ではできないことをたくさんの仲間が支援してくれるという環境になっています。

北九州市の子どもたちと比べると、田川の子どもたちは少し元気がいいように感じています。いや、元気というよりは「やんちゃな子ども」が多いと言えるかもしれません。かつて炭鉱の町として栄えたという歴史があるだけに、このような気質が伝承されているのでしょう。

ある小学校でのエピソードを紹介しましょう。

その小学校というのは、私が初めて夢授業に参加し、田川で初開催となったところです。最初の開催時は、先生たちが見事にまとめ上げた、とてもまとまった子どもたちでした。しかし、翌年に開催したときは、「学年が違うだけでこうも違うのか……」と思うほど、子どもたちに落ち着きがなかったのです。私たちが説明をはじめても私語をやめない子どもが多く、「ちょっと来てもらってもいいですか?」と呼び掛けても無視をするといった具合でした。先生たちはというと、注意をする口調も優しく、子どもたちに気を遣っているのか、厳しい指導ができないという感じでした。

夢授業が終わったあと、いつものように職業人と事務局メンバーの感想シェア会を開いたのですが、その内容は、「何故、こんなにも落ち着きがないのか」とか「何故、先生たちは厳しく指導しないのか」という話でもちきりとなりました。揚げ句の果てには、「先生たちに指導力がないのでは……」という意見が出たほどです。

学校という現場に踏み込むことが少なく、先生と子どもたちが日々どのようなやり取りをしているのかについて知らない人たちからすると、確かにそのように見えてしまいます。そこで、事務局を代表して私は、いつも感じていることに付け加えて、私たち大人の存在意義について次のように話しました。

「実は、昨年も同じ先生が担当をしていて、とても素晴らしい指導力で生徒たちをまとめていました。しかし、今年は、その先生も口を塞いだまま、生徒たちを見守ることしかできなかったようです。何がそうさせたのでしょうか？　もしかしたら、あの場で厳しく指導すると夢授業が荒れてしまい、進行を妨げることになると思われたのかもしれません。また、みなさんが『指導力がないのでは……』と思っていることを察し、悔しく思っていたかもしれません。しかし、先生は、今年いきなりあの子どもたちを見ることになった人であり、あの子どもたちをここまで育ててきたわけではないのです。先生たちだけのせいにしてよいのでしょうか？　私たちに責任がないのでしょうか？　私たちに、できることはないのでしょうか？　私たちは夢授業を通して子どもたちともっとかかわり、もっと知り、もっと応援していく大人にならなければならないのではないでしょうか？」

　教育現場では、何かあればモンスターペアレンツが騒ぎ出すというのが現状です。行政も頑張っているわけですが、動きにくい状況のなか、決して満足できるだけの対処療法が行われていません。私たちにできること、私たちがやりたいこと、それはもっと先生方が働きやすくなる環境をつくることです。もっと言えば、先生方を守るために周りから声を上げることかもしれません。学校と地域、今こそつながらなければなりません。少なくとも、田川という町においてはその必要があると感じています。

田川キャリア教育研究会では、事務局と職業人の垣根がなく、夢授業の開催に向けて一丸となって取り組むという現象が生まれています。そして、普段では訪問する機会のない学校を訪れ、直面している課題を聞いたことで、夢授業という取組の重要性を感じています。子どもたちに、広い視野をもって物事を捉えてほしい、そしてたくさんの職業人とかかわることで学校生活を楽しんでほしい、と考えています。

田川では、少子化ならびに人口減少の影響によって学校の統廃合が急速に進んでいます。この状況は北九州市とは比較にならないもので、今後数年で大きく再編されることになるでしょう。生徒数が足りないために、団体競技の部活動を継続することが難しいぐらいです。

このような田川で夢授業を進めていくにおいて、二つの課題がありました。一つは、ＳＮＳの活用頻度が比較的少ないことです。北九州市ではフェイスブック利用を必須としていますが、田川では一部の人しか利用していないのです。もう一つは、前述したように学校の統廃合です。統廃合が進めば、夢授業を開催するときに必要とされる職業人を増やさなければなりません。

このような課題に対する解決にも仲間の支えがありました。田川で活動している団体（田川ロータリークラブ、田川商工会議所青年部、サクシードなど）からの支援です。これらの団体に所属している仲間から誘われて、各例会や総会などで夢授業について説明する機会が生まれ、多くのサポートメンバーが生まれています。

田川キャリア教育研究会では、子どもたちに職業を説明するといった単なる総合学習ではなく、「田川愛」から生まれた町づくりとして、高い志をもって運営する必要があると感じています。このような意識は、私の母校でもある福岡県立田川高等学校で長年にわたって引き継がれている言葉、「水平線上に突起をつくれ」につながるものかもしれません。

想いは伝わる

篠原さんが述べられたように、夢授業は地域が地域の課題を解決するために力を合わせるといった仕組みとなっています。どのようにすれば、子どもたちが元気になるのか――すべての保護者が望んでいることを考えて夢授業が行われているのです。

想いというものは伝わるものです。北九州市の近隣、鞍手町の剣北《つるぎきた》小学校でＰＴＡ副会長の佐藤正典さんから、「鞍手町の子どもたちに、もっと鞍手町を好きになってもらいたい」ということを目的として、夢授業の開催依頼を受けました。五年目となる二〇一七年のことです。

小学校に挨拶に行くと、とても教育に熱心で、考え方も柔軟な梶栗みどり校長先生に会い、早速、夢授業の説明をしたところ、梶栗校長は感銘を受け、すぐさま開催が決まりました（このときの様子は第３章で詳述されています）。

翌年、梶栗校長は退職されましたが、北九州キャリア教育研究会の事務局のスタッフとしてすぐに活動をはじめています。と同時に、「鞍手キャリア教育研究会」という支部まで立ち上げ、さらなる活動に向かって努力をされています。

そういえば、前年の二〇一六年にも保護者からの依頼がありました。職業人の一人として、毎回夢授業に来てくれている大西洋平さんから、「春日市で開催してもらいたい」という話をいただいたのです。このときの主催は北九州キャリア教育研究会ではなく、学校の「おやじの会」（PTAのうち父親だけで組織する会）で、私たちはお手伝いをするという形をとりました。

春日市というのは、北九州市から南西に六〇キロほど離れたところに位置しています。すぐに南には、みなさんもよくご存じの太宰府天満宮があります。車で移動すると一時間以上はゆっくりかかるというところから、大西さんは毎回来てくれていたのです。その恩返しにということで、大西さんの子どもが通う春日小学校での開催となりました。それにしても、「おやじの会」という保護者からの依頼は、私たちにと

難病PLSの落水洋介さん

って も励みとなりました。

初めて高校で夢授業を開催したのも、この年です。このときは職業人が約八〇名集まり、卒業生やＰＴＡに対しても呼びかけを試みています。実は、福岡県立北筑高等学校での開催のときに、卒業生であり、一〇〇万人に一人という難病ＰＬＳ(1)の落水洋介さんに出会っています。彼の話を聞いて私自身がファンになってしまい、それ以後、夢授業を開催するときには、最後にアドリブで落水さんに話をしてもらうことになっています。

「私はこれから体が動かなくなりますが、夢があります」と語る落水さんの言葉、第４章の最後に紹介をさせていただきます。

特性のある子どもたちとの出会い

二〇一七年の夏、初めて北九州市が主催する「ゆめみらいワーク」という、キャリアに関するイベントに参加することになりました。地場の企業や大学、高校、専門学校などが出店し、北九

(1)（primary lateral sclerosis）原発性側索硬化症。大脳から脊髄に至る運動神経が障がいされるために、下肢のツッパリ感、歩行障害を自覚症状として発病します。その後、徐々に上肢の症状、しゃべりにくい、飲み込みづらいという症状が加わってきます。

州市の企業に就職をしてもらいたいということを目的としたイベントです。初めて学校という空間から離れて、不特定多数の子どもたちを対象に夢授業を開催したのですが、当初の不安をよそに、結果的には多くの子どもたちが私たちのブースを埋めてくれることになりました。

いつも夢授業に参加してくれている職業人の子どももたくさん来てくれました。その理由はというと、通っている学校ではまだ夢授業が開催されていないということと、仮に開催されるとなっても、該当する学年でなければ受けることができないというものでした。「夢授業を受けたい」と、予約までしてくれたことに感動しました。

この「ゆめみらいワーク」への参加で、私たちにとっては嬉しい「気付き」がありました。それは、「ゆめみらいワーク」に素敵な子どもたちが参加してくれたことです。みんなとても素直で、隠し切れないほどのワクワク感を笑顔で表現しながら各ブースを回ってくれました。

実は、この子どもたちは放課後等デイサービスを利用しており、学校では特性のある子どもとして別のクラスで授業を受けていたのです。学校では支援が必要とされている子どもたちが来てくれたことで、北九州キャリア教育研究会は新たな道を歩むことを決意しました。それは、支援学校の子どもたちに対する「夢授業の開催」です。

一般の子どもたちとは違って、普通にできることが彼らには難しかったりするのですが、逆に彼らが得意としていることがたくさんあるのです。これらの子どもたちの未来を変えたい、これらの子どもたちの未来をもっとワクワクしたものにさせたい、そんな想いがどんどん広がりました。そして現在では、これらの子どもたち向けの夢授業をつくるために、事務局で「特別支援教育チーム」を結成しています。

このような形で夢授業が広がり、徐々に開催ルールなどが詳細なものになり、何となくマニュアルといったものが作成されるようになりました。その結果、少しずつですが役割分担がなされ、組織化されていくことになりました。とはいえ、予算もなく、常駐する事務員がいるわけでもないので、毎回とても慌ただしく、決してスマートな運営ではありませんでした。反省ばかりの日々でしたが、学校側も参加されるボランティアの人も、私たちのことをよく理解してくれており、手助けをしてくれる人が増えはじめたときでもあります。

二〇一七年は、開催した学校数は二七校、夢授業を受けた子どもの総数は二七三六人にも上っています。一方、参加した職業人は延べ五六七人、登録された職業人は二一〇〇人を超えました。初めて夢授業を開催した二〇一三年から四年という短期間でここまで広がったこと、私たちメンバーからすれば自負となりますが、みなさんはこの数字を見てどのような感想をおもちになりますか？

前述したように、北九州市近隣での開催という例も何度かありましたが、二〇一八年になると、九州最大の都市、福岡市にまで飛び火してしまいました。現在（二〇二〇年）では、一〇〇キロ近く離れた場所でも北九州キャリア教育研究会の支部が立ち上がっています（後述を参照）。

福岡市での開催は、福岡市にある中学校の先生が、たまたま研究授業の一環として夢授業を開催していた学校に視察に来られていて、地元に帰って「是非、やりたい！」と言い出したことがきっかけです。以前から「福岡で支部を立ち上げたい」と言っていた特殊高所技術者の山本正和さんがリーダーとなって、支部を立ち上げていくことになりました。山本さんの話は大人が聞いていてもワクワクするのですが、その詳細は第4章でご覧ください。

小さな島の「夢授業」

六年目となる二〇一八年の夏、県外からも依頼が来て、初の「出張夢授業」が行われました。「白壁の町並み」で有名な山口県柳井市の南、約二〇キロの伊予灘に浮かぶ小さな島「平郡島《へいぐんとう》」にある平郡東小学校での開催でした。

平郡島は東西に細長い島で、人口は約六〇〇人、産業は農業と漁業です。この島にある小学校に通う子どもは五人、コンビニも信号機もないという田舎の子どもたちです。この小学校に赴任された磯部祥生《いそべさちお》校長が北九州市まで来られて、「島のことしか知らない子どもたちに、社会にはいろんな職業があることを伝えてほしい」と言われたのです。いつものことですが、訪ねてこられてお願いをされると断ることができない、というのが私たちです。当然のごとく、夢授業の開催を引き受けました。

どのような形で開催するかについていろいろ考えた結果、島にいる職業人と北九州市から出向く職業人を合わせて話をするという形にしました。そして、北九州市の子どもたちにも島の職業人の話を聞かせてもらえるようにお願いしました。島ならではの農業、漁業、駐在さんや小さな診療所のドクターの話まで、普段の夢授業では聞くことのできない話を同行した子どもたちが聞いています。

このとき工夫を凝らしたのが「名刺づくり」です。参加人数が少ないこともあって、大人と話す機会を増やそうと、大人と子どもに名刺をつくってもらい、それを交換すると

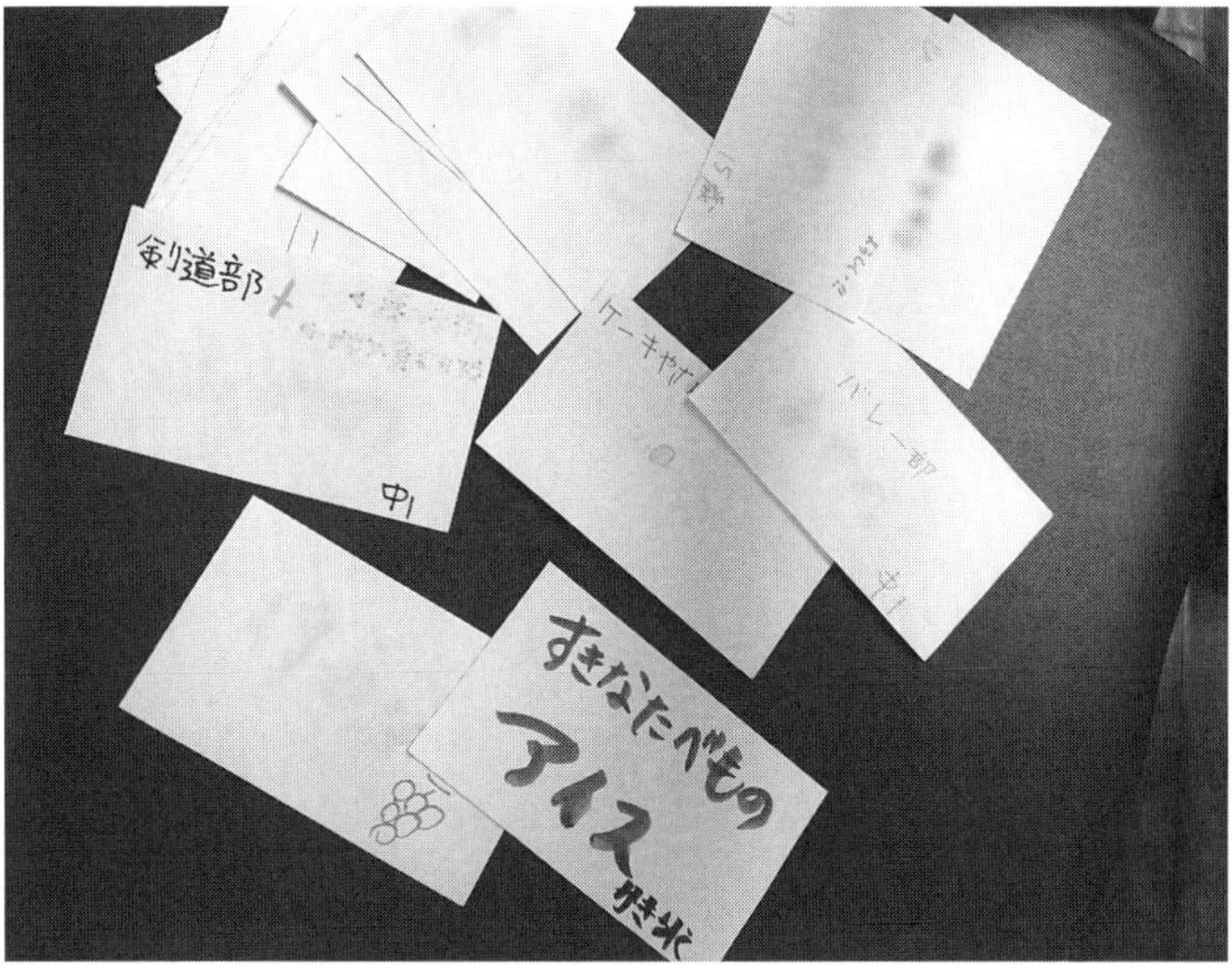

子どもたちが手書きでつくった名刺

夢を語る子どもたち

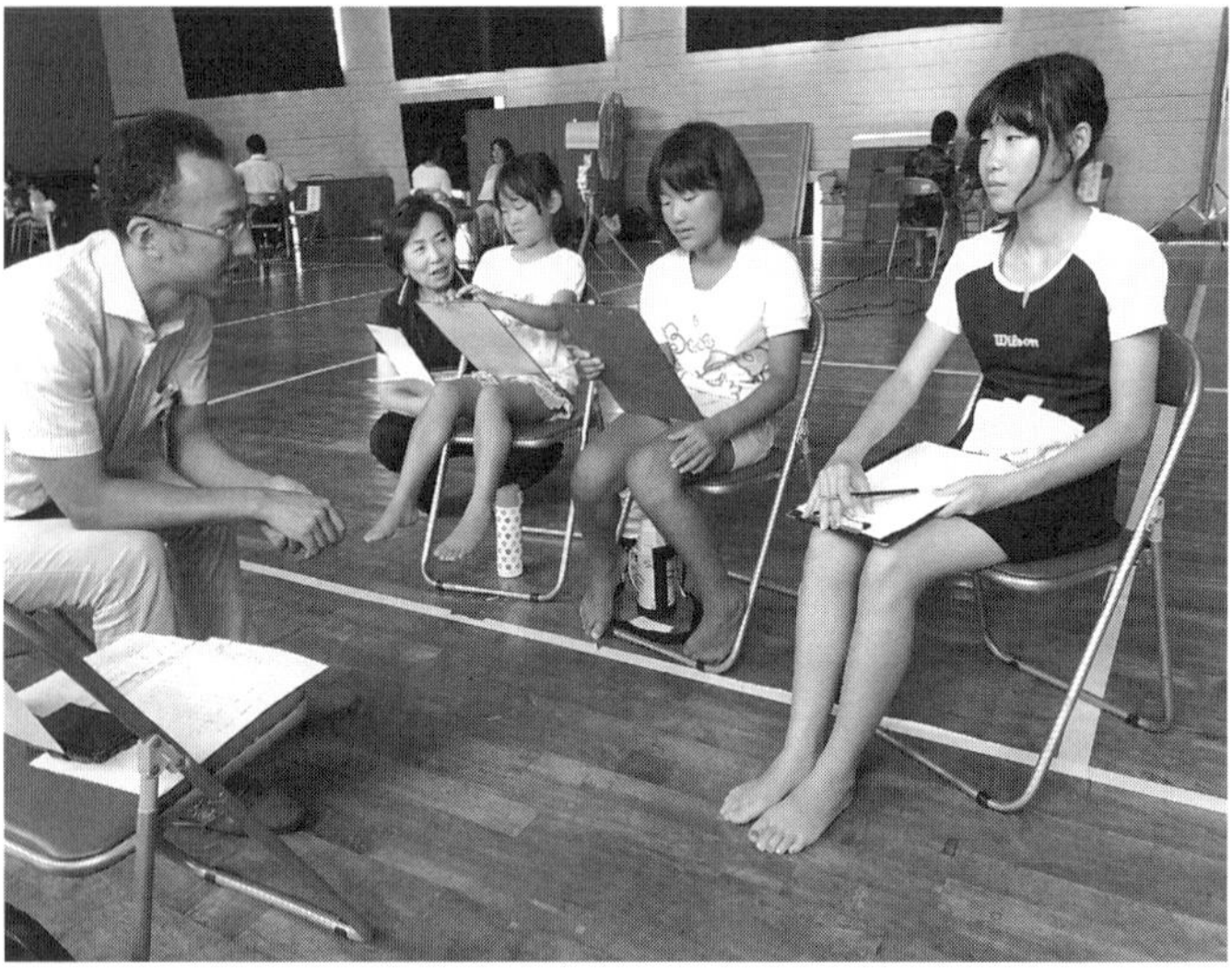

島の診療所のお医者さんと子どもたち

ころから夢授業をはじめることにしました。

つくられた名刺には、名前、職業（子どもは学年）、好きな食べ物などのほか、将来の夢などについても書いてもらっています。実は、この手書きの名刺がとてもよく機能し、話がとんでもなく盛り上がったのです。

夢授業が終わったあとは、島の子どもと北九州市の子どもが一緒に海水浴です。北九州市ではまず見ることのできないエメラルドグリーンの海、子どもたちが喜んではしゃいでる姿を想像してみてください。さらに、クルーザーに乗せてもらったり、バナナボートに乗ったりと、私たち大人でさえなかなか体験できないことをさせていただきました。

このときの島を挙げての大歓迎ムード、感動を通り越す一生の思い出になっています。何と言っても、漁師さんが海鮮バーベキューを食べきれないほど出してくれたこと、そして缶ビール、メンバーにとって最高の「おもてなし」を受けました。満天の星空のもと、島の大人たち、そして子どもたちと、たくさんの夢を語り合う夜となりました。

幹部会の誕生

二〇一八年の夏から開催校がさらに増え、私一人でチェックをして夢授業を開催することが実質的に不可能となったので、北九州市内を五つの地区（門司、小倉、若松、戸畑、八幡）に分けて、それぞれリーダーを決めて開催における責任を少しずつ委譲していくようにしました。また、会長としての責任から生じるプレッシャーから解放されることも願って、「幹部会」と称する会をつくって責任の分担をしていくことにしました。

基本的な活動方針として、「仲良く楽しく」できる人が、できるときにできることだけを楽しくするというのが北九州キャリア教育研究会の考え方ですが、この幹部だけは違います。みんなのために責任をもって、「少しだけ自分を犠牲にできる人」となっています。そんな人が、あっという間に一〇人ほど集まってしまいました。

もちろん、志を同じくするメンバーを選んでいるわけですが、みんなが気持ちを共有してくれるおかげで気持ちがすごく楽になったことは事実です。これで、運営に振り回されることなく、全体を見回したり、将来のことを考えたり、協力をいただける関係各所とのやり取りがより親密なものとなり、さらに充実した夢授業の開催が可能となりました。

このような経緯を振り返ると、職業人のコメントにもよく登場することですが、子どものために開催してきたプログラムだと思って運営してきた夢授業が、大人同士のつながりを強めるプログラムであることに気付きました。

この年の開催校は五〇校を超え、夢授業を受けた子どもは四七五四人、参加した職業人の数は延べ一三六二人、そして登録された職業人は五〇〇人を超えました。たった一年で、それぞれの数字が約二倍になったのです。

もちろん、自慢でもありますが、ボランティア感覚で運営するレベルは超えています。それもあって、前述したように、市内を五つの地域区に分けて運営するといった事務局の組織化を進めたわけです。何と言っても、北九州市には小学校・中学校あわせて約二〇〇校もあります。やはり、組織化を図らないと継続的に夢授業を開催していくことは難しいです。それゆえ、二〇一九年の目標は「さらなる組織化」としました。そして、組織を盛り上げるためにも、活動スローガンである「仲良く楽しく」をより意識していくことを再確認しました。

私たちの活動エリアが広がったからでしょう。かねてより夢授業に関心をもっていた市議会議員から、「九月の市議会で、夢授業のことを話したい」という連絡が入りました。これがきっかけとなり、教育委員長が夢授業を実際に見学することにもなりましたし、市長が「特別職公務員」として、職業人の一人として参加していただけることにもなりました。後日、その説明のために市長室へ行っていますが、そのときの話は第６章で述べます。

このように、一気に地方行政とつながることになりました。以前より、「少しくらい予算を……」というお話をいただいておりましたが、これまですべて断ってきました。私たちは、「予算があるからできる」とか「予算がないからできない」といったケースをつくりたくなかったのです。子どもたちのことを思う心と行動力さえあれば、「必ず前進できる」と信じていました。もし、北九州市から助成があったとしても、ほかの自治体が出すとはかぎらないのです。だから、助成の「あるなし」で決めるのではなく、「気持ち」で開催を決めることにしていたのです。格好よく言えば、北九州キャリア教育研究会は「一番険しい道を選ぶ」ということです。

第3章

子どもたちにとって身近な職業人

夢授業のメンバーとして加わった梶栗みどり元校長

本章では、さまざまな職業人に語っていただくことにします。先にも述べたように、一〇〇〇人を超える職業人が登録をしていますので、ここで紹介できるのはそのなかのごく一部となります。まずは、みなさんがよくご存じの職業に就いている人に語っていただくことにします。とはいえ、本当にその職業のことを知っているのか、ひょっとしたら自己反省をする人が多いかもしれません。それぞれの職業人が、何を考え、何を伝え、夢授業を通して何を感じたのか、読みながら楽しんでください。

小学校教師

（梶栗みどり）

福岡県鞍手《くらて》郡鞍手町立剣北《つるぎきた》小学校で校長を務めていたころ、ＰＴＡの副会長から「夢授業を開催して欲しい」という依頼を受けました。そして、北九州キャリア教育研究会の木原会長と落水洋介さん（五二ページの写真参照）を紹介されました。

剣北小学校における人権教育のテーマは「出会い」であり、自分たちを取り巻く「人・物・こと」との出会いを通して、互いの違いを認め合おうとする精神を育成することとなっていました。

このようなテーマと北九州キャリア教育研究会の行動趣旨が重なると考えた私は、卒業を間近に控えた六年生に職業人との出会いをさせたいと考え、二〇一七年二月に実施することにしました。

初開催に向けて私は、まず夢授業の意義を明確にするために、北九州キャリア教育研究会のマニュアルをもとにして「剣北小学校版」を作成しています。また、夢授業の実施にあたっては、参加していただく職業人はできるだけ町内に住んでいる人とお願いしました。

その理由は、言うまでもありません。二〇一九年七月三一日現在、人口は一万五九一二人、消滅予想都市である鞍手町の将来を考えたとき、町内に住み、町内で活躍している職業人に出会うことによって、「鞍手町が大好きになり、この町で活躍したい！」と子どもたちに思ってほしいと考えたからです。そして、普段はあまり大人と真剣に話す機会が少ない子どもたちのことをふまえて、子ども一名に対して職業人一名という「一対一」を基本とする夢授業を開催することにしました（子ども四〇人と大人四〇人）。

ＰＴＡ役員と相談し、鞍手町役場、鞍手町商工会議所の会員や剣北小学校の保護者をはじめとして地域の方々に参加していただけるように依頼をしていきました。もちろん、町内だけでは集めるのが難しい職業もあります。例外として、そのような職業人は北九州キャリア教育研究会に協力してもらうことにしました。

とはいえ、私は夢授業をまだ見たことがありません。いったいどうなるのだろうかと、多少なりとも不安を感じていました。そこで、開催する前に北九州市八幡西区の上津役小学校で開催される夢授業を見学することにしたのです。

驚きの連続でした。子どもたちが目をキラキラさせながら、職業人の話に聞き入っているのです。また、自分の仕事に誇りをもって子どもたちに伝える職業人の姿を間近に見て、感動もしました。

上津役小学校の筒井校長は、北九州市で初めて夢授業を開催した人です。厚かましくも私は、夢授業の内容ややり方を相談しました。すると、事前・事後の学習や、当日の学習プリントなどといったたくさんの資料を提供してくれました。これらを参考にして、子どもたちに夢授業の趣旨を次のように伝えました。

「多くの職業人と出会うことで、世の中にいろいろな職業があること、大人はそれぞれの仕事のなかで、誇りと生きがいをもって働いていることを知ってほしい。そして、それぞれが将来の夢を描いてほしい」

その後、職業人リストを提示して、子どもたちに聞きたい職業の人を五人選んでもらいました。その際、優先順位は問うていません。「できるだけ希望に沿うようにはしますが、五人すべてに質問できない場合もあります」と伝えて、それぞれに質問したい内容を考えてもらいました。

実際に夢授業を実施したのは、二〇一七年二月八日の水曜日です。司会を務めたのは剣北小学校主幹教諭である木村京子先生です。前述したように、「一対一」での夢授業でしたが、子どもたちは臆することなくどんどん質問をしていきました。その様子、とても言葉で言い表せません。

終了後に出された子どもたちの感想を紹介しましょう。

・ぼくは消防士の仕事に興味があったので、消防士さんから話を聞きました。将来、消防士になりたいです。
・いろいろな職業があることが分かりました。職業人の子どものころの夢や仕事に対する誇りを聞いて、わたしも夢をもって、夢を実現するために頑張ろうと思いました。
・わたしは、みんなをまとめることが得意なので、将来は町長さんになりたいです。

一方、職業人からは次のような感想が出されています。

・子どもと一対一で会話が続くのかと心配しましたが、話が弾んでよかったです。
・自分の職業を見直すよい機会になりました。
・要請があれば、また参加したい。もっとたくさんの子どもと話がしたい。

鞍手町において夢授業を開催したことで、ＰＴＡ役員の団結力、地域と学校を結ぶネットワークの広さや深さを改めて感じました。同時に、この地域は素晴らしい人材の宝庫であることも実感しました。夢授業は、「子どもと大人が双方向に育つ夢プロジェクト」と言っても過言ではありません。これがきっかけとなって私は、夢授業を「地域活性のツール」にしてはどうかと考えるようになりました。

子どもたちは、地域に住み、生き生きと活動する大人たちと直接触れ合うことで鞍手町が大好きになります。そして、鞍手町で活躍したいと思うようになります。都会に出なくても自己実現できる場が鞍手町にあることを知り、この町に定住しようとする意欲が高まるのではないでしょうか。

一方、大人たちは、自信をもって自らの仕事について子どもに語るようになります。当然、家庭でも職業観について話し合う機会が増えるはずです。子どもの進路を選択するときに親の体験を語ったり、子どもと一緒に進路選択について話したりするようにもなるでしょう。

このような会話が常態化すれば、地域は学校を支える応援団としての意識が高まり、「子どもは地域で育てる」という気運が高まるはずです。言うまでもなく、子どもたちの「よきモデル」としての生き方やあり方を示そうとする使命感がこれまで以上に育まれ、鞍手町が元気になると考えます。

夢授業を初めて開催した一か月後の二月三一日、三四年にわたって勤務してきた小学校教師を定年退職することになりました。それと同時に、「鞍手町キャリア研究会事務局長」という名刺を、ＰＴＡ副会長の佐藤正典氏から手わたされました。退職と同時に、夢授業に所属する職業人となったわけです。

デビューとなったのは、二〇一七年六月二六日、北九州市小倉南区にある東谷中学校です。事前に自分のプロフィールや小学校教師の仕事内容、そして「やりがい」などをまとめてプレゼン資料を作成しました。当日はパソコンを使って説明しましたが、やはり持ち運びが不便なので、以後はＡ４サイズの紙にプリントアウトをして、ラミネート補強したものを使用しています。

中学生を前にして、生徒からの質問に答える形で進めていきました。とはいえ、生徒も一筋縄ではいきません。言うまでもなく、いろいろなタイプの生徒がいるのです。ハキハキしており、にこやかに会話が進む子どももおれば、モジモジしながら自信なさそうに受け答えをする子ども、横にいる友だちを見ながら「フォローして、お願い」ビームを送る子ども、そして、まったく質問をすることがなく、視線を逸らしたままという子どもなどです。

先の三つの子どもなら何とか会話を進めることができますが、最後の子どもなると、私もさすがに「暗い気持ち」になってしまいます。しかし、このような子どもも、話すのが苦手なわけではなく、決して大人とのかかわりを拒んでいるわけではないのです。

私の場合、「このような子どもがいて当たり前」と、平然とした態度を取るようにしています。

「嫌だなー」と思うと表情に出てしまうものです。ご存じのように、子どもたちのほうが鋭いので、こちらの気持ちを察知してしまいます。また、こちらから質問したら「だんまり」をしますので、答えを急かしたり、「では、次のあなた」とスルーしたりしないことです。でも、正直に言うと、これは結構難しいです。

具体的な進め方は、まず子どもたちに自己紹介をしてもらいます。ここでは、「(名前を聞いて分かりにくかったら) どんな字を書くの?」とか「どこの小学校 (中学校) の出身ですか?」などと聞いて、ウォーミングアップをしていきます。そして、私のプロフィールを書いたものを用意しておいて、それを見せながら自己紹介をします。これが終わったら、子どもからの質問に答えていくことになります。

子どもたちから出た主な質問を紹介しておきましょう。また、そのときに私が答えた内容も記しておきます。もちろん、答えのほうは一部となります。

Q どうして小学校の先生になったのですか?

A どうしてだろうなー。(このときは、このように答えてしまいました。すると、後日いただいたお礼の手紙のなかに、「どうしてだろうなーと答えていたので、僕はなりたくてなっていないと確信しました」と書いてありました。)

Q　小学校の先生をして、一番楽しかったことは何ですか？

A　毎日が楽しいです。子どもは、毎日、何をするか分かりません。毎日がハラハラドキドキで、変化があって楽しいです。

Q　小学校の先生をして、一番悲しかったことは何ですか？

A　子どもが交通事故に遭ったときです。

Q　小学校の先生をして、辞めたいと思ったことはありますか？

A　毎日がハラハラ、ドキドキで楽しいので、辞めたいと思ったことは一度もありません。

Q　小学校の先生で大変なことは何ですか？

A　一人ですべての教科を教えなければならないことです。（ここで、「あなたの得意な教科は何ですか？」と聞いてから、「私は、逆上がりも二重跳びもできません。一〇メートルしか泳げませんが、体育を教えなければなりません。つまり、苦手な教科も教えなければならないのです」と言って、小学校教師の一日を書いた資料を提示しました。）

Q　小学校の先生にはどうしたらなれますか？

A　教職の免許をとって、採用試験までの流れを書いた資料を提示して説明しました。

Q　小学校の先生のお給料の仕組みを教えて下さい。

A　基本給と手当（住宅手当、通勤手当、扶養手当、管理職手当など）があります。基本給は毎年上がりますが、五五歳からは基本給は上がりません。

Q　小学校の先生の勤務時間を教えて下さい。

A　基本は八時三〇分から一七時までですが、学校の実態に応じて勤務開始時刻を変更することができます。私が勤務していた学校は、八時一〇分から一六時四〇分までで、お昼休みの四五分を差し引いて七時間四五分です。

Q　小学校の先生のお休み（年次休暇）を教えて下さい。

A　新規採用の人は一五日ですが、翌年の一月からは二〇日になります。その際、年次休暇を取った残りが加算されるので、一年目の先生が一日も年次休暇を取らなかったら、一年目の一月から合計三五日の年次休暇が取れます。

このようなやり取りを一五分という時間で行っています。質問が出る場合はいいのですが、質問のないときもあります。そのときは、「小学校のときに、心に残った先生を教えてください」と質問しています。そして、子どもたちが「〇年生のときの〇〇先生」と答えたら、その理由を聞いています。参考までに、子どもたちが言った理由を少し紹介しておきましょう。

「優しい」、「話を聞いてくれる」、「お楽しみ会など、子どもの自主性に任せてくれる」、「分かるまで熱心に教えてくれる」、「見た目だけで判断しない」などです。実際、やんちゃをして先生の言うことを聞かなかった子どもがある先生に出会ったとき、「決して自分を特別扱いしていないことが分かって変わった」という話をしてくれました。そして、「小学校を卒業して、その先生の素晴らしさを改めて実感した」と力説していました。

一般的なものですが、私から「あなたは小学校の先生になりたいですか?」という質問をよくしています。「なりたくない」と答えた子どもには、「どうしてなりたくないのですか?」とその理由を尋ねています。子どもたちの回答はすごいですよ。一例を挙げると、「勉強を教えるのが難しそうだから」、「言うことを聞かない子がいるから」、「ストレスがたまりそうだから」、「モンスターペアレンツの対応が大変そうだから」といったものがありました。

このような回答に対して私は、「決してそうでもないですよ」と伝えています。そして、具体的な対応の仕方などについて、例を挙げながら話すようにしています。

毎回、このような流れで子どもたちと交流しています。二〇一八年度は、北九州市、中間市、宮若市、直方市、嘉麻市など約六〇校の夢授業に参加しました。身体が続くかぎり、

教師の素晴らしさを語る梶栗みどりさん

職業人として参加していきたいと思っています。それに、子どもたちからいただく手紙が何よりの宝物となっています。子どもたちからの手紙に、いつも元気をいただいています。一生続けられる仕事として選んだ教師という職業、その素晴らしさなどについて、これからも笑顔ともに子どもたちに語っていきたいです。

最後に、これまでに私が受けた「ナイスな質問」を紹介しておきます。以下を見れば、決して子どもだといって侮ることができないことが分かります。

・子どもたちの安全のためにどんな努力をしていますか?
・もし明日、あなたの仕事がなくなったらどうしますか?
・家に帰ってから、子どもが問題行動をしたらどうしますか?
・クラス替えはどうやってしていますか?
・時間割は、どうやってつくっていますか?
・先生同士の恋愛はありですか?
・校長先生、教頭先生にはどうしたらなれますか?
・校長先生、教頭先生の仕事はなんですか?

図書館司書――「夢授業」の事務局としても

（小田裕子《ゆうこ》）

　図書館で働く専門的な職業といえば図書館司書です。図書館の環境整備、利用者への読書支援、学習支援などを行っているわけですが、常々、私は情報のプロフェッショナルでありたいと思っています。ご存じのように、図書館は人々のために日曜・祝日も開館していますが、それだけでなく、夜も開館しています。実は、利用者へ寄り添うサービス業なのです。もちろん、図書館によって開館時間などが違いますので、利用される図書館に問い合わせをしてください。

　図書館には、公共図書館、学校図書館、大学図書館、専門図書館があります。勤務する図書館によって利用者層が異なるため、司書に求められる専門的なスキルも異なってきます。よく「本が読めていいですね」などと声を掛けられますが、そのような時間はあまりありません。日常の業務に追われるという忙しい日々を過ごしています。ちなみに、司書資格を得るためには、司書課程がある四年制の大学に入学して取得するか、大学で開催される司書講習にて「科

読み聞かせをする小田裕子さん

目等履修生」として学んで取得するかのどちらかとなっています。

さて、夢授業との出合いについてお話ししましょう。

義務教育に子どもを預けていると、避けて通ることのできないのがＰＴＡ活動です。長らく活動していくうちに、単Ｐ（所属する小学校のＰＴＡ）から小学校がある地区の役員になることになりました。そこで、ある女性に出会ったのですが、彼女はかなり熱心にキャリア教育の活動をしている人でした。私はというと、そういったことは熱心な人に任せて、目の前の活動を無難にこなすことで満足していました。

ところが、ある日、長女の通う高校で夢授業を初めて開催するということになり、その受付を手伝ってほしいと頼まれたのです。詳しく聞いてみると、高校生二八〇名に対して八〇人ぐらいの職業人が来て、それぞれ仕事の話をするということでした。また、職業人のなかには卒業生もいるということでした。そのころは、長女も自分の将来について考える時期でもありましたので、喜んでお手伝いを引き受けることにしました。とはいえ、娘の学年を対象にしたものではなかったのですが……。

当日、広い体育館に八〇人以上の職業人が集まりました。受付がいくつかのブースに分かれていたぐらいです。開始直前のオリエンテーションでは、「各業界を代表する職業人としてポジティブな発言をお願いします」といったことが代表者から職業人に話されていました。

いよいよ、夢授業のスタートです。体育館に生徒が入場してきました。司会者の熱量が伝わってきます。受付の手伝いを終えた私は、次にカメラ撮影を頼まれました。すべての職業人をまんべんなく撮影すること、職業名のプレートを必ず写すようにして、あとで整理がしやすいようにすること、これがカメラ撮影における注意事項でした。

初めて聞くような職業、職名だけは聞いたことがあっても具体的な仕事内容は知らないという職業に携わっている人たちを撮影していきます。職業人が生徒へ語り掛ける様子、また生徒からの質問に答える表情、ファインダー越しとはいえ、本当に生き生きとしていました。そういえば、この高校の卒業生であるという男性が白バイに乗って参加していました。体育館の外で、警察官という職業について熱心に語っていました。

このように、何度か夢授業のお手伝いを続けていくうちに、私も図書館司書という仕事を子どもたちに話したいと思うようになりました。北九州キャリア教育研究会に登録されている職業人のなかにも図書館司書は見当たりませんでした。ちょうど、開催間近の小学校から「聞きたい職業の一つ」として挙げられていたこともあり、私の願いはすぐに聞き入れられてデビューとなりました。

参加するにあたって、子どもたちにも分かりやすい資料を準備しようと、資格習得について改めて調べ直しました。私が資格を習得したころに比べると、単位の名称も単位数もかなり変わっているのです。また、仕事の内容を改めて振り返るために文部科学省のホームページにもアクセスしています。説明したいことがたくさんあるわけですが、小学生の「食いつき」がよくなるようにクイズも入れて資料を作成しました。

デビュー当日、少人数のグループを相手に五回話しました。すべてのグループに同じことを繰り返し話すわけではなく、子どもたちの反応を見ながら、より興味をもってもらうように話したり、クイズをしたりしながら説明しました。それが理由なのか、終了後の感想シェア会のとき、印象に残った職業としてある子どもが発表をしてくれました。

常々、木原会長は、「このプログラムは子どものためでもありますが、本当は大人のためのプログラム」と言っています。まさしくそのとおりで、事前の資料作成、子どもたちからの質問を受けることで自分の仕事（職業）を振り返ることができるのです。私自身、どれだけこの仕事が好きなのか、またどれだけ真剣に取り組んでいるのかについて再確認することができました。

さて、あるときから、「北九州キャリア教育研究会　事務局」の名刺を携えて木原会長とともに学校を訪問し、夢授業を開催するための準備を担当することになりました。学校側からは、多くの場合、学年主任や進路担当の教師が打ち合わせのテーブルにつきます。一時間ほどの打ち合わせでその学校の特色を聞き出したり、参加する子どもの人数や特性などを質問していくのです。

一定の期間で異動している教師だけに、その校区の特色をはじめとして、時には問題となっていることもよくご存じです。そして、北九州市は人口流動が少ない、生まれた場所の環境をそのまま受け入れている子どもが多い、といったことが話されます。それゆえでしょうか、多くの職業を知ることで視野を広げてほしいと思い、子どもへのプレゼントとして夢授業の開催を決める小学校が多いです。

学校からの要望、希望する職業人の人数、希望する職種、会場となる学校内の設営方法などについて話していくわけですが、学校側からは、「打ち合わせをするだけで多くの職業人を招待することができるのだから、とても助かる」という言葉を毎回いただいています。

開催するうえにおいて事務局が一番苦慮するのは、職業人の人数集めです。締め切り近くになっても目標とする人数が集まっていない場合は、六〇人いる事務局総出で声を掛けまくります。私が初めて担当した学校は約一五〇名の中学二年生を対象にしていましたので、必要とされる職業人は約五〇名でした。名刺を職業人に配りながら、お願いして回ったという記憶があります。職業人の人数の決め方ですが、参加する子どもの数を「3」で割っています。車座になって職業人が話すとき、子どもが三人くらいであったら一人ひとりから質問を受けることが可能ですし、子どもたち自身が能動的に夢授業に参加するようになるからです。

参加する職業人が決定したら、学校へそのリストを提出します。学校側は、そのリストに基づいて、子どもがどの職業人の話を聞きたいのかという事前調査を行い、当日話を聞くことになる職業人（五人）の順番を決めていくことになります。学校側は、この作業にとても苦慮されているように感じます。

一方、我が子が学ぶ学校で夢授業を開催してほしい、願わくば事務局担当を、という思いでかかわっている職業人もいます。私自身も、そのような思いを強くもっていました。幸い、次男が通う小学校の教頭先生が職業人として登録されていたので、この希望はあっさりと叶えられました。早速、小学校と相談したのですが、目標としたことは、地域に根差した夢授業を行うこと、および地元（校区内）で働く職業人の発掘、となりました。

私が住んでいる地域の小学校は、二〇一九年度で創立一二〇年を迎え、保護者や祖父母も卒業生という家庭が多いのです。ゆえに、地域の自治会も学校をサポートしています。学校支援地域本部事業の学校支援ボランティア・コーディネーター（北九州市の嘱託職員）として私も学校とかかわっていましたので、その名刺を携えつつ、職業人として子どもに話してもらうようにお願いして回りました。その結果、職業人の半数を地域の人で占めることができました。

このような結果の意義は大きいと思います。子どもにとっては、地域で見かけたことのある人、またその人が同じ小学校の卒業生であるなら自分の将来もイメージしやすくなります。多くの子どもが生まれ育った地域から離れていくことを望んでいるとも聞きますが、その地域でも生き生きとして働けるということを伝えたいと思っています。

また、この小学校からの希望で、民生委員（主任児童委員）、消防団の方も職業人として参加してもらいました。収入を得て、生計を立てるという意味では純粋な職業人ではないのですが、地域で活躍する重要な仕事として子どもに紹介したわけです。このときの感想シェア会で、「誰かのためになれたらいいな、と思える気持ちをもってほしい。今日、学校に来てくれたのはそんな大人ばかり。そんな気持ちをもつ大人になってほしい」といった感想がある職業人から発せられましたが、まさしく私が夢授業で伝えたいことです。

私自身の夢授業におけるエピソードについて話していきましょう。ある小学校六年生から、「レンタルビデオを借りるときにはお金を払うのに、図書館の本はただで借りることができる。図書館で働く人は、お給料はもらえているのですか？」といった質問を受けたことがあります。この子どもは、働いているのにお金がもらえないのではないかと心配してくれたのです。このときの私の答えは次のようなものです。

「図書館の本も、司書のお給料も、みなさんのお父さん、お母さんが払った税金で支払われています。みなさんがたくさん本を借りて読むことは、家族の人が支払った税金を直接取り戻すことになるのですよ」

このエピソードを夢授業後の感想シェア会で話したところ、担当教師から「公共事業や税金についての学習をしているところなので、掘り下げて考えさせたい」ということでした。このように、多くの学校では夢授業を楽しみつつ、意義のある活動と捉えてもらっているという実感があります。

とはいえ、決して楽しいことばかりではありません。しかし、事務局を務める私としては、打ち合わせのときに先生方の熱意や開催したときの喜びに触れることが原動力となっています。また、保護者として長きにわたって学校にかかわってきただけに、「子どもの将来をより良いものにしてあげたい」という先生方のお手伝いができることをうれしく思っています。

実は、私は司書の仕事をいったん辞めています。しかし、夢授業を経験したことで職場復帰を決意し、現在、北九州市の学校図書館職員として仕事をしています。責任をもって仕事ができるという充実感、研修を受けることによって知識が深められるという喜び、そして新たな仲間との出会いを通して、毎日充実した日々を送っています。ただ復帰しただけなら、ここまでの喜びを感じることはなかったでしょう。こういう意味においても、夢授業を取り入れてくれる学校、そしてボランティアで駆けつけてくれる職業人のみなさんに感謝をしています。

子どもの将来をより良くしたいと語る小田さん

塾講師

（渡辺みかり）

初めて夢授業を見学に行ったときの感動を忘れることができません。ボランティアで、こんなにも多くの大人が一堂に会するという光景はなかなか見られるものではありません。「やるじゃん大人たち！　やるじゃん木原さん！」と思いつつ、「誘ってくれてありがとう」とつぶやいてしまいました。私も仲間に入りたい、ぜひこの活動に参加したいと思いつつ、子どもたちに自分の職業について伝えること、働くことの楽しさ、そしてその意義とはなんだろうと考えました。このとき初めて、自分の仕事を振り返ることになりました。

そういえば、毎日が楽しいし、今の仕事を辞めようと思ったことはこれまでありません。一五歳で飛び込んだ「美容の世界」も楽しくて、好きなことをしながらお金がもらえました。そして、三九歳で飛び込んだ「教育の世界」も同じく楽しくて、好きなことしながらお金がもらえる幸福感に浸っていました。

もちろん、お金をもらえるようになるまでには涙を流しています。言うまでもなく、この場合の涙は「悔し涙」です。「なぜ、できないのだろう」とか「なんでこんなに難しいのだろう」と毎日感じていました。しかし、仕事としてお金がもらえるようになってからは、どんな雑用でも

「楽しい」と感じるようになったのです。時間はあっという間に過ぎますし、ストレスを感じることがないのです。

美容の仕事は、「ご飯を食べる手段」として選びました。やってみたら楽しくて、面白くて、美容関係のさまざまな仕事に興味をもちまじめました。現在でも、この面白さは色あせることなく、一種の多角経営として継続しています。こんな私が教育の仕事をはじめたのは、自分の子どもに教えたかったからです。ただ、やればやるほど難しさを感じてしまいました。自分が勉強していたときの学習指導要領とは異なるので、答えが正解であってもプロセスが違うために子どもとの会話も噛み合わないということが多かったです。そこで、勉強をし直すことにしました。

所属する会社の研修をはじめとして、自分でも「教え方」や「たとえ方」の工夫を身につけるためにたくさんの参考書を購入して読んだり、図書館に通っての勉強を、それこそ自慢できるぐらい頑張りました。学生時代だって、こんなに勉強したことはありません。このようにして溜め込んだ知識を子どもたちに教えてあげたい、とさらに思うようになったわけです。

最初、わが子やその友だちを教えていましたが、徐々に教室の机が増えていきました。子どもたちに伝えてきたことは、「好きなことが仕事になるといいね」ということです。さらに、そのプロセスも楽しんで夢を叶えることができれば「一〇〇点満点」と言えます。世の中にはたくさんの選択肢があるわけですから、「夢は選び放題」のはずですが、そう簡単に事は運びません。

少しでも選択肢を広げられるようにお手伝いをする、それが私の仕事だと思っています。

言い尽くされていることですが、「勉強って楽しいじゃん」と思いながら学んで、自らを育てて欲しいものです。事実、「学ぶ」ということはすごく楽しいのです。知らなかったことを知る、できなかったことができるようになるのです。そうすればワクワクしてきます。

言うまでもなく、学びは生涯、いかなる場面でも必要なことです。また、学んでいかないとさらなる成長はありません。そうなると、当然、収入だって増えません。収入が増えないと、生活レベルを変えることができないのです。もうちょっとカッコイイ車やおしゃれな洋服が欲しい、また美味しいご飯を食べたいなどの欲求が高まると、やっと自分のために学び出すのかもしれません。そして、レベルアップしていくことで、社会や職場での立ち位置の変化に気付くことになります。

私たち大人は先に死んでしまいます。天国から、このようなことを教えるわけにいきませんし、ご飯も届けられないのです。だから、自分の力でご飯が食べていけるようになって欲しいのです。ふと、何が「学び」のきっかけになるのだろうかと考えました。それは好奇心、「なぜ?」とか「どうして?」という疑問です。大人だろうと、子どもだろうと、意識さえすれば好奇心は永遠に生じます。自分の

学ぶ楽しさを教える渡辺みかりさん

好奇心を満たせて、収入につながる仕事を選ぶことができれば、誰しも頑張れるはずです。ストレスを感じることもないでしょうし、雑用だって楽しくこなせるはずです。

夢授業では、こんなことを子どもたちに話しています。一回一五分、五セット+フリータイムとなっていますが、毎回、「時間が足りないよ〜」と言いながら頑張っています。言葉が拙いせいでしょうか、伝わっているのだろうかと疑問にも思いますが、「今度こそ！」と思って次回にのぞみ、撃沈してしまうこともあります。

その逆に、心の中でガッツポーズをするときもあります。そのご褒美でしょう、各学校の子どもたちからお礼状が届きます。それを読むと、伝わっていたような、伝わっていなかったような、解釈が違うような気がするのですが、子どもたちの反応はストレートなうえにさまざまです。しかし、これがめちゃくちゃに嬉しいのです。たぶん、夢授業に参加した職業人たち全員が思っていることでしょう。そんなお礼状を読み返しながら、そのときの場面を思い出し、反省したりもしています。つまり、教えている（伝えている）ほうの私たちが失敗をしているということです。この事実を感じさせてくれる夢授業、ひょっとしたら、子どもたちよりも職業人にとって一番いいことかもしれません。

対象とする学年にもよりますが、将来の職業について思い描けるだけの知識をもっている子どもたちは少ないものです。一番身近な親の職業以外に知っているのは、友だちの親の職業、近所にあるお店、テレビで見たことのある職業などでしょう。しかし、世の中には数えられないほどの仕事があります。夢授業に参加すると、私ですら聞いたことないような仕事に出合いますし、「あれが仕事になるんだろうか？」とか「食べていけるのだろうか？」などと考えてしまうこともあります。また、職種としては知っていたけれど、初めて目にするという職業もあります。もちろん、職業名と仕事の中身が一致しないことはしょっちゅうです。

子どもたちに「夢の種」をまこうと思って夢授業に参加しているわけですが、知らない職業人が参加していると、そのブースに座り込んで話を聞きたくなってしまいます。夢授業にかかわらなかったら一生出会うことがないような人の話が聞けるのです。それによって自分自身が進化し、子どもたちに伝えたいことが増えていきます。

考えてみれば、大人ですらこんな思いになるのですから、子どもたちが職業について想像できるわけがありません。それだけに、夢授業の意味は大きいと言えます。今後、子どもたちのためにますます発展・進化していくことでしょうが、あえて言います。

「誰か企画してくれないかしら、大人の夢授業」

大人の夢授業を望む渡辺さん

学習塾経営

（田山慎二）

私は、夢授業を通して子どもたちに、「今、街を支えている仕事はどんなものがあるのか」、「なぜ、学習塾が必要なのか」、「どうして勉強しなければならないのか」、「私自身がなぜ学習塾ブランドを立ち上げたのか」を理解してもらい、北九州市という街における人財育成につなげたいと考えています。とはいえ、学校という教育の場で「学習塾経営」と子どもたちに言ってもなかなか興味をもってもらえません。また、「勉強の仕方について教えている」と言っても、ただ単に営業目的と捉えられてしまいます。そこで、夢授業ならではの「楽しい学び」を提供することが重要だと考えました。

私は「入り」を一番重要視しています。「マイクなし。元気な声で一〇秒の自己紹介」です。「みなさん、こんにちは！　今日はみなさんの『夢』について一緒に考えたいと思います！　よろしくお願いします！」と、元気いっぱいに挨拶するのです。

夢授業では、子どもたちに理解してもらうテーマを三つ用意しています。それは、「時間」、「未来」、「夢」です。「時間」と「未来」についてですが、目に見えないものを理解してもらうことはやはり難しいものです。そこで必要となるのが「手の感覚」です。目を瞑って、手のひらを上にした状態で膝の上に置いてもらっています。手はとても繊細で、「空気の流れ」を感じることができるのです。これを感じてもらってから「時間」の話をしています。目に見えない「空気の流れ」を感じることができるように、「時間」も目の前の現象に集中すればその存在を感じることができるのです。

夢授業では、毎回「タイムキーパー」となるカウンターが存在します。与えられた一五分が秒刻みに減っていくのです。これを子どもたちに見せることで、「時間」の存在というものがより明確に意識されるようになります。

では、「未来」とは何でしょうか。未来について話をするとき、私は必ず「未来はどこにあると思う?」と尋ねています。面白いことに、多くの子どもたちが上を見上げるのです。言うまでもなく、「未来」とは「今」より先の「時間」のことを指します。私は「未来」のある場所について次のように話しています。

「今、君たちの手のひらに流れているもの。目の前にあるもの。それが未来だよ」

「未来」とは、決して遠くない一寸先のものであることを意識することが重要です。目の前を意識して努力しなければ灯台下暗しとな

塾で指導する田山さん

り、将来への道筋など描きようがありません。そんな意識なくして「夢」は考えられない、というのが持論です。

さて、三つ目の「夢」ですが、ここからが本題です。読者のみなさんにも尋ねてみたいのですが、そもそも夢とは誰のためにあるのでしょうか。「自分のため」だけにあるのでしょうか。極論で言えば、世界に自分一人だけが存在したとして、「夢」を描くことはできるのでしょうか。これも持論となりますが、自分一人だけでは「夢」を描くことはできないのです。

人間という生きものはとても面白く、感情豊かにコミュニティーを形成し、異なる意見を互いに受け入れながら文明を発展させてきました。このコミュニティーという環境があってこそ理想が生まれ、個人の「夢」につながっていくのではないでしょうか。だから私は、「夢とは、どうやって自分以外の人を喜ばせたいかを考えること」と子どもたちに伝えています。

みなさんにも「応援してくれる人」がいることでしょう。夢授業で子どもたちに「応援してくれる人はいますか?」と尋ねると、ほとんどの子どもが「いる」と答えます。その後、私は次のように尋ねています。

「その人が、もし突然死んでしまって、まだ見せていない努力があったら後悔しませんか?」

子どもたちの答えは、必ず「後悔する」となります。

「じゃあ、まず応援してくれている人を喜ばせることができる夢を考えてみよう。それが『夢』

をもつということで、叶える努力をすることが勉強だよ」と結んでいます。

こんな話で一二分ほどが経過しますので、最後は教育者らしく、学業について部分的に触れています。基本的には、社会と英語に関するものです。インバウンドと称される観光客が多くなった日本ですが、学校内は多国籍な構成とはなっていません。また、老若男女がコミュニケーションできる環境も少ないと言えます。それだけに、「社会」や「英語」がなぜ必要なのかについて理解できる環境も少ないと言えます。

そこで私は、「地理」と「歴史」を学ぶ意義をまず伝えることにしています。地理とは、自分が住んでいる地域以外の世界観を学ぶためにあります。どんな地域・国で、どんな文化や宗教があって、経済が日本とつながっている状況を知るためにあるのです。一方、歴史は、大雑把に言えば人間の「失敗」と「成功」の積み重ねです。それがなければ、私たちが恩恵を受けているスマートフォンなどが生み出されることもなかったでしょう。

では、英語はなぜ必要なのでしょうか。地理で話した世界観をより深く知るためには、世界で広く利用さ

時間、未来、夢について語る田山さん

れている言語を習得することが重要となります。だから、英語を学ぶ必要があるわけですが、言語というものは、使わなければすぐに忘れてしまうという厄介なものです。とくに、現代日本の学校社会においては、英語を学んでも使う場がなければ「宝の持ち腐れ」になってしまうのです。

このように、私が夢授業で話している内容は、仕事として話すキャリア教育の内容とほとんど変わらないものです。だからでしょうか、子どもたちから送られてくる感想文のなかには、「学校にはない知識を教えてくれた」、「やっと納得ができた」、「英語で話す価値を知ることができた」、「自分の夢が否定されないことがとても嬉しかった」などといったものが寄せられてきます。

最近は、「ユーチューバーになりたい」、「声優になりたい」、「デザイナーになりたい」、「カフェを経営したい」という内容が多いです。それを、親や先生に「頭ごなしに否定されて傷ついた」という話も聞いています。私は、夢は絶対に否定しません。夢を叶える努力こそが勉強に向かう原動力になる、と信じているからです。そういえば、ある夢授業のあとに駆け寄ってきて、「自分の夢を家族に話してみます！」と元気に言ってくれた子どもがいました。私の夢授業を通して、家族とのコミュニケーションが一つ生まれたのです。とても嬉しいことです。

子どもの視点というのは、大人になってしまった者には気付かない「発見」をもたらしてくれます。今、自分が行っている事業もそうですが、夢授業で行っているキャリア教育で「ありがとう」と言われること、そして感謝されることは、何ものにも代えがたいこととなります。さらに、感想文を書いてくれる子どもたちの文章を読んで、自分の言葉が記憶に残っていたという確信にもつながっています。感想文の一例を紹介しておきましょう。

社会は覚えるだけだと思っていたけど、そうじゃないって分かりました。
家族を笑顔にする夢を見つけて、誰かを幸せにしたいと思います。
楽しかったので、また聞きたいです。また来てください。

こんな感想をいただくことができる夢授業、もちろんこれからも続けていきます。それが北九州市のためでもあり、私たちだからこそできる教育であるという確信を子どもたちが証明してくれたのです。

学習塾・プログラミング教室

（谷口浩太郎）

父を早くに亡くしているのですが、葬儀のときは私が喪主を務めました。貧乏な家でしたし、真面目で優しく、大人しい父だったので弔問客はあまり来ないだろうと思って準備をしました。しかし、通夜・葬儀のとき、葬儀会場に入り切らないほどの多くの人に来ていただいたのです。

葬儀の最後、会場の外にいる人に向けて喪主の挨拶を行いました。その挨拶が終わったあと、多くの人たちが泣きながら、「おまえの父ちゃんはな……」とか「おまえの父ちゃんのおかげで……」といったような声を掛けられ、今まで知らなかった父親の優しさや想い、そして生き様を聞かされました。

父に対する憧れ、恩返しができなかった後悔など、いろいろなことを考えはじめたのですが、結論として出てきたのは、「かっこいい父親になる」とか「周りの人の幸せのために行動する」ということでした。それ以後、この言葉を人生訓として生きています。

夢授業の話を聞いて、私自身の方針でもありますが、「子どもたちが明るい未来を思い描けるように、先に生まれた私たちこそ輝いて生きる義務がある」という考え方に強く共感しました。そう、子どもたちに仕事の種類や内容を教えるだけが目的ではないのです。

現在、日本では暗いニュースが毎日のように流れています。年間二万人以上の人が自殺をし、一〇〇万人以上もの人が不審死するという自殺大国なのです。一〇〇万人以上の人が引きこもっており、虐待の通報電話は年間一六万件にも上ります。ちなみに、虐待での死亡事例は年間五〇人となっており、毎週一人の子どもが命を落としていることになります。

子どもたちは純粋で素直です。こんな世間のニュースや親の言葉を聞けば、今も大変ですが、大人になるとさらに大変できついものだと思ってしまいます。未来に希望がもてないなかで、子どもに「夢をもて」とか「頑張れ！」と言ったところで説得力はありません。それ以前に、「どだい無理な話」となります。

そんな子どもたちが夢授業に参加すると、今まで知る機会がなかった未知の仕事のことが分かり、生き生きとした大人に会って話をすることができるのです。「こんな大人がいるんだ⁉」、「大人になるって楽しそう！」、「早く大人になりたい！」と、思ってもらうことができるのです。そして、未来に希望をもつことで、今を全力で生きていくことにもつながります。結論的な言い方をすれば、夢授業は今の日本に必要なもの、となります。

さて、私はというと、学習塾とプログラミング教室の仕事をしています。塾といえば、大勢の生徒が集い、勉強を詰め込む場所と思いがちですが、私のところでは、少数で勉学を学ぶなかで、「人の生きる力を育む」をテーマにして、「生徒が自分自身で学ぶ力、発信する力、論理的に考える力」を身につけるといった学びの場を提供しています。

こんな私が夢授業において何を伝えているかという

かっこいい父親を目指す谷口浩太郎さん

と、職業のことはもちろんですが、生きていくなかで必要となる考え方、たとえば「夢、目標をもつことの大切さ」、「夢、目標を叶える方法」、「夢、目標がない人も最高」、「時間の大切さと考え方」、そして「言葉の大切さ」について話をしています。

意識していることは、最初から一方的に話をせず、お互いに自己紹介をしたうえで質問を聞いて共感してもらい、緊張感を和らげるように努めています。また、興味のあることなどを自分から話して、「この場は話してもよい場だ」と思ってもらうことを意識しています。この最初の「つかみ」に、予定時間の三割くらいを使っています。そして、和み具合いとタイミングによって、心の中にある「夢」を聞いたり、こちらの話をするようにしています。

夢についてですが、「将来の夢は?」と子どもたちに聞くと、「公務員」と答える子どもが多いです。「なぜ?」と聞くと、「親が言うから」とか「安定しているから」と、これだけ言っておけば大概の大人は納得するだろうというような回答をしてきます。しかし、よくよく話を聞けば、野球選手、サッカー選手、芸能人、お菓子屋さんなど、いっぱい出てくるのです。いろいろな夢があるのに、親から「そんな夢みたいなこと言わないで」とか「できるわけがない」と言われ続け、夢が変わってきたという子どもが結構多いのです。

ある日、最初は「夢がない」と言っていた子どもの話をよく聞いてみたところ、芸能人になりたいので芸名やサインをすでに考えていると話していました。私がその夢を認めたほか、一緒に話している友だちも認めたことでとても喜んでいました。そして、全員が共有する場で、その子どもは夢の話をすることになったのです。この子どもが、今後どうなるのかは誰にも分かりませんが、その場ではとてもよい表情をしていたことが私には印象的でした。

また、将来なりたい職業を聞き、「なぜ、その職業を選んだのか?」と尋ねると、「親がしているから」、「親から聞いたから」、「親がかっこよいから」と、「親」につながることがとても多いことが印象的でした。良くも悪くも、「親」や「身近な大人」の影響がとても大きいことが分かります。

一度、「言葉の大切さ」について話していとき、見学をしていた親御さんからクレームをいただいたことがあります。

「言霊《ことだま》」と言われるぐらい言葉には力があり、肯定語、否定語で多くの現象を周りに及ぼすことができます。「おはよう!」と元気な挨拶をしたり、常に周りに対して、「ありがとう」とか「嬉しい」といった感謝の言葉、よい言葉を使うことで自分にも周りにも影響を与えることができるなどについて、ある実験や具体例

言葉の大切さについて話す谷口さん

を示しながら話していました。すると、後日、「そんな非科学的なことはよいから、もっと現実的な話をして欲しい」という指摘が事務局に届けられたのです。

もちろん、親御さんを感動させることができなかった私自身の「話力」という問題もあるでしょう……。しかし私は、「点数を取ってなんぼ」という詰め込み型教育の影響がこのような発言の原因となっているのではないかと思っています。若い世代の親の場合、将来や心の部分ではなく、目先のことしか考えていないのではないかと少し不安を感じました。こんな体験から、子どもに一番影響を与える親への働きかけも将来は必要だと考えています。

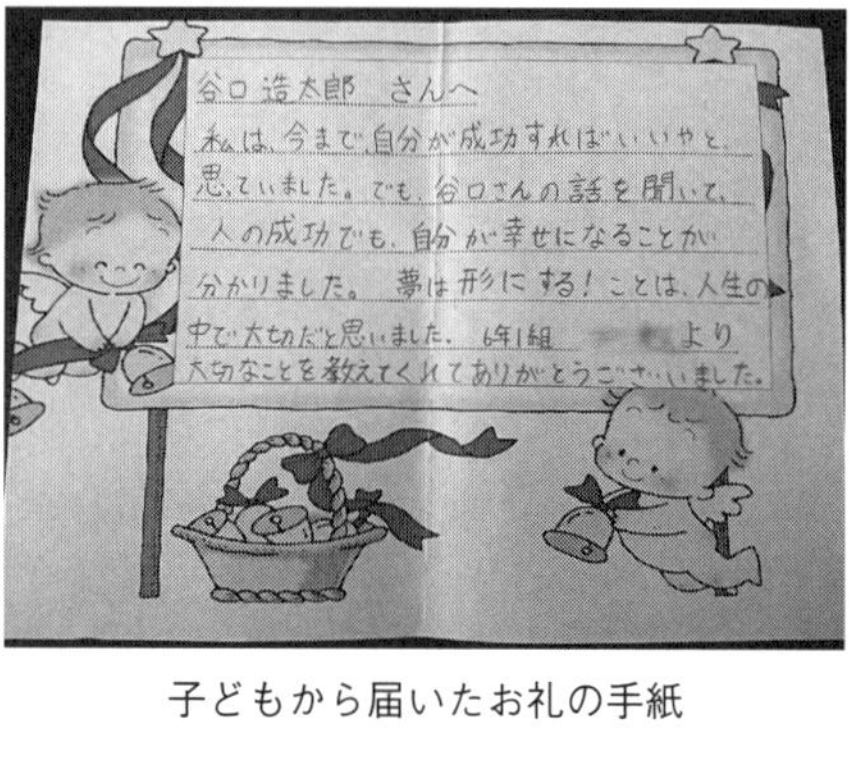
谷口造太郎　さんへ
私は、今まで、自分が成功すればいいやと、思ていました。でも、谷口さんの話を聞いて、人の成功でも、自分が幸せになることが分かりました。夢は形にする！ことは、人生の中で大切だと思いました。6年1組　より
大切なことを教えてくれてありがとうございました。

子どもから届いたお礼の手紙

夢授業のなかで、子どもたちが喜んでくれたり、生き生きと話をしてくれたりする姿を見るだけで嬉しいのですが、私にとっての最高の瞬間は、夢授業の終了後、全生徒に向けて「今日の感想を話したい人！」と尋ねたときに、普段は手を上げそうにもない子どもが、「今日の夢授業が楽しかった、嬉しかった」と話している姿を見るときです。

そして、それにも勝る楽しみが、数日後に届く「感謝の手紙」です。感謝の言葉が単純に嬉し

いですし、その手紙の内容が自分の思ったことよりも少なければ話の内容を見直すきっかけにもなります。自らの仕事や大切な考え方を子どもにも分かるように話をする——これが、夢授業で子どもたちに教えられたことです。

（真鍋哲子）

看護師

看護師という仕事は、病院だけでなく在宅や高齢者施設、企業や保育施設、学校の教員などと多岐にわたっています。また、専門としても、内科、外科、整形外科、小児科、婦人科、呼吸器科、循環器科などたくさん選択肢があります。私はというと、内科から外科、精神科などいろんな病院で働いた経験を生かし、現在は高齢者施設（老人ホーム）で働いています。医師が近くに存在しないという環境です。高齢者の生活をより良いものにするために、命を救い、命を守り、命を見届ける仕事を使命と感じて、楽しく、やりがいをもって働いています。そのほかにも、看護学校で非常勤講師をしたり、全国の福祉施設看護師や介護職員を育てるという講師業も行っています。これらの活動は、これまでの経験が認められたものだと自負しています。

さて、夢授業に参加したのは二〇一四年、二回目となる上津役小学校での開催が初参加となります。木原会長から、「子どもたちに看護師として夢のある話をしてくれないか」と言われ、ドキドキしながら参加したことを昨日のことのように覚えています。

心温かい職業人が、ボランティアでこんなにもたくさん体育館に集まっていることにただただ驚き、圧倒されました。私の知らない職業も多く、子どもたちにとっては職業の選択肢が広がるのでいいなーと思うと同時に、私自身がいろんな職業人の話を聞きたいと思ったぐらいです。

参加されている職業人は、心の熱い人が多く、人生経験も豊かです。それだけに、子どもたちには職業選択のヒントだけでなく、いろんな大人の価値観や人生に触れ、何かを感じて欲しいと思いました。実際、こんなにも多くの大人と触れ合って話を聞くという機会はないでしょうから、視野を広げるきっかけにもなります。また、これから先、生きていく過程で何かあったとき、生き生きとしている大人たちもいたんだと思い出してもらえたらいいなあーとも思っています。

夢授業は、子どもに対してだけでなく、学校の先生にも、そして私たち職業人にとっても学びになっていると感じています。さまざまな職種の人が集まるこの場所を大切にして、大人たちがお互いの職業や「人となり」を知り、連携をしているのです。まさに、地域をつくるきっかけとなっています。今、先生方との研修会を開催していますが、小学校、中学校、高校の先生が同じ

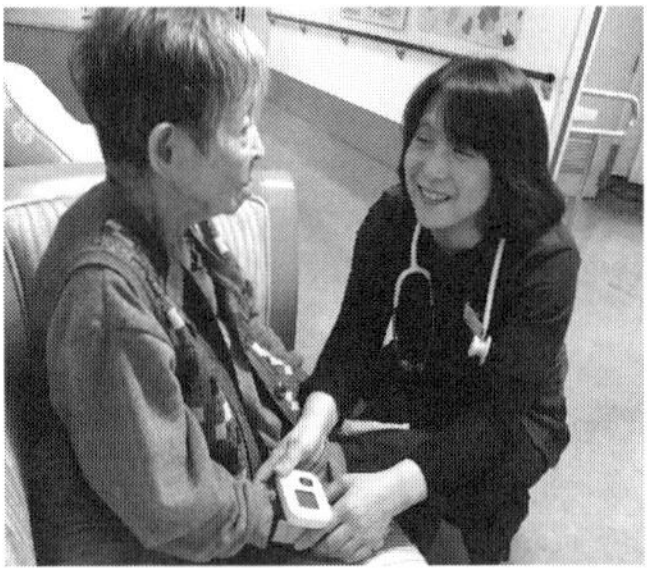

職場の真鍋哲子さん

場所で子どもたちについて語ってる姿を見て、正直、鳥肌が立ちました。「こんな場所ないよね」と（第５章を参照）。

成長するそれぞれの過程において、感じたり、アプローチすることは当然違ってきます。そのため、お互いにその背景を知ることも大切なのではないでしょうか。そんなきっかけづくりも研修会では行われています。点ではなく、線、面へとつながり、大人たちがそれを確認しつつ生き生きとした生活を送ること、次世代を育てていくうえにおいてこれ以上大切なことはないでしょう。

では、私が夢授業で子どもたちに何を伝えたくて、どんな話をしているのかについて説明していきます。基本的には、子どもたちから質問を受けながら話しているのですが、看護師という職業柄、やはり一番に話すのは「命の尊さ」についてです。人は、生まれてきていつか死にます。命を救うことだけではなく、その人らしさを大切にして、「見送る」ということも仕事なのです。一生の最期、その方の好きなことを実現させてあげるということ、それが看護師の力量であると伝えています。

また、仕事をするうえにおいて、チームワークが大切であるとも話しています。医療や介護の現場では、看護師だけでなく医師、介護士、栄養士、調理師、理学療法士、作業療法士、検査技師などたくさんの人とチームを結成し、利用者（患者）を支えています。学校生活も同じでしょう。友だちや先生とも「お互いさま」をしているはずです。もしかしたら、友だち関係で悩むことがあるかもしれません。でも、一人では生きていけないので、いいところを探したり、人間関係がよくなるコツについても伝えています。

実は、私自身も仕事上つまずくことが多いのですが、そんな経験について、チャレンジしなくて後悔するよりは、何度も失敗を繰り返して成長していると話しています。そんな経験があるからこそ、看護師という職業を通して学校の先生にもなれるし、地域で困り事があったら相談に乗ったりすることができると思っています。「人のためになることは、自分の心も豊かにしてくれる」――これが一番伝えたいことかもしれません。

小学生を対象にする夢授業においては、聴診器で心臓や腸の音を聞いてもらったり、脈拍を測ってもらったりして、自分の身体に興味をもってもらうようにしています。中学生には、看護師としての経験談や困難なことを話し、マイナスとされる部分もさらけ出したうえで自らが成長してきたことを伝え、看護師になるための進路選択について説明をしています。そして高校生には、具体的な仕事内容を可能かぎり詳しく説明し、進路方法についても細かく提示しています。

命の尊さを伝える真鍋さん

よく、「どうして看護師になりたいと思ったのですか?」とか「困難なことは何でしたか?」、「大切にしていることは何ですか?」という質問を受けます。幼いころに障がい者の友人がいたことや、「叔母が看護師だったことが影響している」と答えていますが、現在、お年寄りにかかわっている理由としては、「おばあちゃん子だったから」と伝えています。

子どもたちも熱心です。親をはじめとして、周りにいる人が医療や介護の仕事に携わっているからでしょうか、「興味がある」と言って私の話に耳を傾けています。同じような境遇の子どもたちがいるのでしょうか、どこの学校でも必ず「看護師さんになりたい」という子どもたちが数名います。看護師になると決めている子どもは、「具体的に、どうやったらなれるの?」と、質問する様子が真剣なのです。

こんなやり取りを通してですが、中学生の女の子の場合、親が看護師になってほしいと願っているケースが多いという現実も知ることになりました。思わず、「責任重大だなー」と感じてしまう瞬間です。

ところで、男の子が私の話を聞きに来ることが多くなりました。ご存じのように、今や男性の看護師も増えています。少し大きな病院に行けば、医師ではない男性スタッフを見かけるはずです。そのなかには、理学療法士や作業療法士といった人もいますが、看護師として働いている男性が多くなっているのです。かつては「女性の職業」とされていた看護師ですが、現在の状況を男の子に伝えると、顔がほころぶと同時に「うなずく」といった仕草をしてくれます。看護師として、世界観が拡がったようにも感じて、私自身が喜んでしまいます。

このように、子どもたちが純粋な瞳をキラキラして話を聞いてくれる姿を目の当たりにすると、「元気」をいただいているのは私のほうではないかと思ってしまいます。何故、看護師になりたかったのか？　これまでの経験を振り返りながら、「やっぱりこの仕事が好きなんだ」と改めて知る機会、それが夢授業なのかもしれません。

前述したように、自分が失敗した話もたくさんしています。そんな話を通して子どもたちがたくさんの職業の内容を知り、いろいろな人を知ることが大切です。もちろん、多くの選択肢があるわけですが、「どれを選択しても間違っていない」と伝えることが大人の役目です。

私は、看護師として命を見送ることを仕事としています。それだけに、「人の命ってとても尊いんだよ」と話すときには、無意識ですが真面目な顔になっているかもしれません。ひょっとしたら、明日友だちと会えなくなるかもしれないのです。そんなとき、「あーすればよかった」と思わないように、一瞬一瞬を大切に生きてほしいと子どもたちに伝えています。

これからの時代をつくり上げていくのは、言うまでもなく、今を生きる子どもたちです。現在ある職業も、将来なくなる可能性があります。そして、時代の変化とともに新たに登場する職業もあるでしょう。一つの仕事で終わらず、さまざまな経験が自分自身の人生を豊かにしていくことについても、先に生まれた者の努めとして伝えていきたいです。

前述したように、人は生まれてきていつか死にます。もちろん、一人では生きていけません。その人なりの人生を大切に生きて欲しいのです。そして人生の最期、「生きててよかった」と言ってもらうためにどのようなサポートをするのか、その役割を担っているのが看護師なのです。

これは私の信念です。このようなことを繰り返しお話しするのは、自分自身に言い聞かせているからです。そう、私にとっても学びとなっているのです。夢授業に参加することで自らを見つめ直し、改めて生き方を考えるきっかけとなりました。「感謝」という言葉しか出ません。


（大庭《おおば》健太郎）

障がい者支援施設経営

ある日、子どもたちに熱い想いを語っている大人たちの写真をフェイスブックで見たとき、「是非、この大人たちの仲間に入りたい!!」と思って友人の落水洋介さん（五二ページの写真参照）に誘ってもらえるよう熱烈にアピールした結果、夢授業に参加することができました。私だけでなく、この写真を見た人であれば、ほとんどの人が参加したくなるはずです。

夢授業では、子どもたちだけが夢を学んでいるのではなく、職業人である大人たちも夢を語ることで成長させてもらっています。もちろん、私自身も夢授業を終えるたびに達成感と新たな課題を感じ、それをふまえて次回にのぞんでいます。

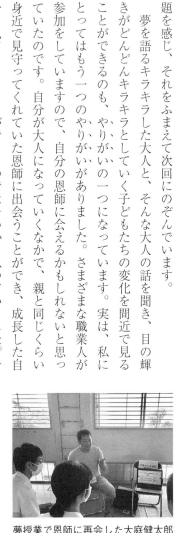

　夢を語るキラキラした大人と、そんな大人の話を聞き、目の輝きがどんどんキラキラとしていく子どもたちの変化を間近で見ることができるのも、やりがいの一つになっています。実は、私にとってはもう一つのやりがいがありました。さまざまな職業人が参加をしていますので、自分の恩師に会えるかもしれないと思っていたのです。自分が大人になっていくなかで、親と同じくらい身近で見守ってくれていた恩師に出会うことができ、成長した自分を見てもらうことができるのではないかと思っていました。そして実際、一番の恩師だと思っている人に再会することができました。

夢授業で恩師に再会した大庭健太郎さん

　夢授業で私が子どもたちに伝えたいと思っていることは、「障がいがある人も、障がいがない人も何も変わらない」ということです。このことを、まず知ってもらいたくて話をしています。
　話をはじめる前にすること、それは私の特技である「手品」です。興味をもって聞いてもらうための「まくら」の一つですが、この手品があとの話につながっていくようにしています。もっとも、手品に興味をもちすぎて、「マジシャンになりたいと思います」という感想もありましたが、それはそれで新たな興味をもつことができたのでよかったのかな（?）とも思っています。

手品を終えたあと、本題に入っていきます。一人の子どもに身長を尋ね、「○○さんの身長は○○センチですが、○○さんの手が届かない○○センチの場所に大好きなお菓子や本がありますが、どうやったら取れると思いますか?」と尋ねてみます。すると、「椅子を使う」、「台を持ってくる」、「ジャンプする」といった意見が出ます。

続いて、「もし、椅子や台などがない場合はどうしますか?」と再度尋ねます。そうすると、子どもたちは少し困ってしまうことが多いのです。

「誰か、できる人を呼ぼう!!」

「もっと身長が高い人を呼ぼう！」

「誰か一緒にしてもらう人（肩車など）を呼ぶ！」

何が言いたいのかと言うと、一人ではできないことも、誰かの力を借りることで「できない」から「できる」に変わるということです。たとえば、携帯電話を持っているのですが、機能が多すぎてうまく使いこなすことができないときには誰かの力を借りています。携帯ショップに行ったり、遠隔サポートで使い方を教えてもらったりしているのです。このように、できる人に教えてもらうことで「できない」が「できる」に変わるのです。

子どもたちに「苦手なこと」や「得意なこと」を尋ねますと、同じ答えが返ってくることがたまにありますが、多くの場合、みんなバラバラの答えを出します。その苦手なことを克服するためにはどうしたらいいかと相談します。克服することは決して簡単ではありませんが、できる人から教えてもらったり、お手伝いをしてもらうことで「できる」ようになるのです。そのため、「得意なことがある人は、苦手なことがある人を助けてあげてください」というように、子どもたちにお願いしています。

さて、ここからが私の仕事の話です。過去にやってきた仕事を挙げますと、新聞配達員→肉屋→ボウリング場の店員→幼稚園の先生→施設職員となります。最後に就職した施設職員で障がいのある人に出会ったことがきっかけで今の仕事をはじめました。

正直に言います。その仕事を最初から好きで「やりたい!!」と思ってはじめたわけではありません。たまたま家の近所だったから、というのがその理由です。それまでは、「障がい者」と言われる人たちを、今とは違った見方をしていました。しかし、そこで働きはじめたことで、「障がい者」と言われる人々の純粋さに触れ、この仕事の楽しさを知ることができたのです。ですから子どもたちには、私のように知らないがゆえに違った見方をするのではなく、障がいがあるなしにかかわらず、知ったうえでそれぞれの人ができることをし、お互いが支え合って、笑って暮らしていけたらいいですね、という想いを伝えています。

私の事業所の紹介をしましょう。私が経営している障がい者支援施設は「共同生活援助（グループホーム）」と言います。「共同生活援助」も「グループホーム」も同じ意味合いなので、「グループホーム」という簡単な呼び方を子どもたちに伝えていますが、ピンとこないようなので、以前放送されたテレビ番組を参考例として出しています。

「前にやっていた水曜日の『ダウンタウンのモンスターハウス』（二〇一四年から。ＴＢＳテレビ）は知ってる？」と尋ねると、ピンとくる子どもがいて、そこから話が広がります。

「モンスターハウスでは、一つの家をみんなでシェアして暮らしていたと思うけど、それと同じで、私のグループホームは障がい者の人たちが一つの家をシェアして生活しています」と話すと、少しずつイメージが膨らんでくるようです。そこで、私の働いている場所（家）の紹介をします。とはいえ、ただ働いている場所の（家）の紹介をしても分かりにくいので、子どもたちが帰ってからすることを次に尋ねます。

自宅に帰ってからすることは、みんなさまざまです。では、私が働いている施設の障がい者たちは、仕事から帰ってきたら何をして過ごしているかというと、「みんなとすることは一緒です」と言うと、だんだん分かってきてくれます。障がいがある人も、ない人も、みんな同じように生活をしているのです。

子どもたちから、「寝る時間とかは？」、「起きる時間は？」、「お風呂は？」といった質問があったりしますが、そのときは、「好きな時間に寝るし、好きな時間に起きるし、好きな時間にお風呂に入るよ」と答えます。すると、子どもたちは少し驚きます。

ここまで来ると、ようやく私のグループホームでの生活と普段のみんなの生活が変わらないことが分かってきます。前述したように、私は障がいがある人が生活するなかで「できない」ことを少しだけお手伝いして、「できる」ようにする仕事をしています。そのことを理解してもらえるように、職業人として話をしているわけです。

子どもたちと話をするときに心掛けていることは、一方的に話すのではなく、対話ができるように質問などを入れ、それぞれが自分の意見を言えるようにしています。もちろん、「無理強い」にならないように努めていますし、「分からないときはパスも使えるよ」と言うと、答えられる範囲で話してくれる子どもが多いです。

また、一五分というかぎられた時間でより多くの情報を理解してもらうために、パソコンを使って、目で見て、耳で聞いて、少しでも分かりやすいように、その都度反応を見ながらつくり直し、次回の夢授業に生かすようにしています。

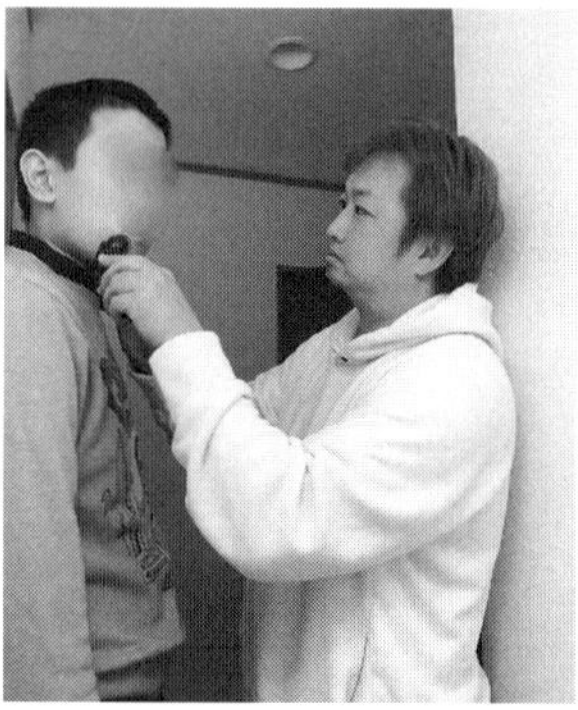
「できない」ことを少し手伝う大庭さん

印象に残っている話としては、夢授業が終了したあとの質疑応答のときに男の子が、「僕の妹もダウン症といった障がいをもっています。僕の妹も、大きくなったときには大庭さんのグループホームに入ることができたら幸せになれると思いました。それまでは、僕ができることを手伝っていこうと思います」という感想を言ってくれたことです。私の話を真剣に聞いてくれて、少しでも家族のためにお手伝いをしようと思ってくれたことに感動してしまいました。

こんなこともありました。多くの学校では、聞きたい職業人の希望を子どもたちから事前に調べて職業人を割り当てているのですが、ある学校で、「希望する仕事はだいたいどんな仕事か分かっている。だから、希望していない職業に割り振りをしている」と言われたことがありました。そのとき、「私は希望してない〇〇の職業人のところに行かされました。でも、話を聞いて、将来は〇〇の仕事をしたいと思いました」という子どもの感想がありました。

希望していない職業人の話を聞くことで知らなかった職業を知ることができ、それに興味をもち、将来、その職業に就きたいと思わせることができたこの職業人は素晴らしいと言えます。私も、そう思わせることができるような職業人になりたいと思ってしまいました。

緊張した顔で体育館に入場してきた子どもたちも、夢授業を受けたあとはキラキラと目を輝かせながら、笑顔で職業人とハイタッチしながら体育館を後にします。このときの姿、毎回感動してしまいます。そんな感動を、是非たくさんの大人たちにも体験していただき、自分の仕事に誇りをもち、一人でも多くの子どもたちにそれぞれの想いを伝えていただきたいと思っています。

障がい者ケアマネジャー・保育士

（安武和幸）

私が行っている「障がい者ケアマネジャー」という仕事、普段はなかなか耳にすることがないと思います。簡単に説明すれば、障がいがある子どもから大人までのさまざまな相談事に応じるという仕事です。「福祉サービスのことを教えて欲しい」、「障がい特性について知りたい」、「これからの生活について不安がある」、「恋愛がしたい」などといった人生全般の相談に乗りながら、障がい者が少しでも充実した生活が送れるように支えています。もっと簡単に言えば、障がいのある人々やその家族と「おしゃべりをする」というのが私の仕事です。

実は、もう一つ重要な役目となっている仕事があります。それは保育士（放課後等デイサービス）です。放課後に子どもたちが安心して楽しく過ごせる場所として「学童保育」があることはご存じでしょうが、「障がい」というさまざまな特性がある子どもにとっては、集団（大人数）、職員の目が届きにくい、設備面などにおいて過ごしにくい部分があるのです。そこで、「放課後等デイサービス」という形で特性のある子どもたちが安心して過ごせ、保護者も介護の休息が取れるように努めています。

この仕事は、子ども一人ひとりの特性に応じた環境設備や指導、活動内容を企画・実施して成長を促すことを目的としています。放課後等デイサービスには保育士などの専門職員の配置が必須となっており、保育士の働く場としても大切なところなのです。

さて夢授業ですが、出会ったのは二〇一六年です。きっかけは知人からの誘いですが、今改めて思うと、この出会いは必然だったのではないかと感じています。そもそも、北九州で仕事をはじめたのが二〇一五年なのですが、それ以前は山口県で障がい福祉の仕事をしていました。そのときから、利用者（障がい者）の支援をすることはもちろんですが、この仕事を発信する義務（後輩の育成と発掘）と子どものころから「障がい」を正しく知るための「場づくり」が必要なのではないかと感じていました。事実、職員の子どもたちに職場を見学してもらったり、実際に障がい者と触れ合うという機会をつくってきました。要するに、「できることをやっていこう」と取り組んできたわけです。

しかし、家族のこともあって北九州市に戻ることになり、今後どのようにやっていこうかと考えているときに夢授業に出会ったのです。その目的をうかがったとき、「これは、私が求めていたことに通じるものがある！」と確信しました。

参加した目的は、言うまでもなく、「障がい福祉という暗いイ

放課後等デイサービスに励む安武和幸さん

メージを払拭したい」とか「障がい者のことを知ってもらいたい」ということですが、実はもう一つ、「こんな仕事を目指したい！」と考えてくれる子どもが増えたらいいなーと思っていました。今もその想いは変わりませんが、以前は主語が「子ども」よりも「障がい者」、ややもすれば「自分」になっていたように思います。しかし、夢授業に参加するようになって感じたことは、主語はもちろん「子ども」となりますが、伝えるときにベクトルをしっかりと「自分」に向けていられるかということです。

「子どものために……」、もちろんこれも立派な動機ですが、そのように貢献したいのであれば、まずは自分自身が成長できているのか、または成長しようと思っているのかを確認する必要があります。これをふまえて仕事に臨むことでより相乗効果が生み出され、継続するだけの価値にもつながっていくのではないでしょうか。

情報化社会と言っても、自分の力だけでは情報も経験も不足しがちな子どもたちを対象として行われている現在の教育には限界があり、新しい取組まではなかなか手が回らないというのが教育現場の実情でしょう。さらに、目の前の業務に追われて、人生の目的を失っている大人たちが多くなっているというのも否定しがたい事実です。それらを打破してくれる空間、それこそが夢授業だと思っています。

個人的には、障がい者と健常者の共生社会という「きれい事」は望んでいません。ただ、夢授業で出会う子どもや教師、そして大人に、「共生社会」とはお互いを生かし合う社会になることであり、「福祉」とは誰もが幸せになるためにある資源だと伝えています。こんな気付きを子どものころから届けて、仕事が違っても一緒に生きていき、応援し合えるという心が育めることを期待しています。

　夢授業で子どもたちにどのような話をしているのかと言いますと、まずは障がい者のイメージ（保育士のイメージも含めて）を投げ掛けています。そのあと、用意した資料などで実際の業務内容を見える形で提示して、最後に子どもたちからの質問を受け付けています。慣れるまでは「想いばかりが先走る」という状態でしたが、当初から意識していたことは、いかにすれば子どもを巻き込むことができるか、でした。そのため、障がい者のマークをクイズ形式で示したり、保育士の学校で使っている教材に触れてもらったり、部活動や恋愛の話までしています。言うなれば、「大人とのおしゃべりの場」といった雰囲気づくりをすることで子どもたちとの距離が縮まり、笑顔のある時間になるということです。

　何度か経験をしていると、子どもの質問が画一的になりやすいことに気付きました。それゆえ、質問がありそうな内容に関してはあ

障がい者のマークを示す安武さん

えて最初に説明するようにして、その場で感じたありのままの言葉を子どもから聞くようにしています。会話においてとくに大切にしているキーワードは、「人との出会い」、「他者評価」、「できる！よりも、やりたい！という気持ち」です。もちろん、私自身のストーリーも必ず話しています。大人といえどもみんな同じ道を歩んできているわけですから、成功したことや失敗したことなどを話すことで共感が得られますし、今後の「道しるべ」にもなると思っています。

これまで、事務局運営も含めると三〇回以上の夢授業に携わっていますが、忘れられない学校が二校あります。一つ目は、初めて参加したときの学校です。

私の不安や緊張を解きほぐしてくれたのは子どもたちでした。前述したように、子どもたちは日ごろなかなか話すことのない大人との会話を楽しんでいるように感じました。仕事の話よりも、私自身が楽しんでいることや大人の恋愛、そして来年は何をしてたいかなどの質問がたくさん出てきたのです。講演のように堅苦しいものではなく、大人とか子どもとかも関係なく、雑談のなかでお互いの本音がどんどん出て会話が弾んだのです。とくに、仕事ばかりして結婚ができない私の生活に対してエールをもらいました。（笑）

もう一つは、事務局運営としてかかわったときのことです。夢授業が終わり、恒例となっている見送りのとき、子どもたちから「準備など、いろいろとありがとうございました」というお礼の言葉をもらったのです。全体に対するお礼はもちろんあるのですが、裏方の事務局に対してもお礼を言われたのが初めてで、うれしく思うと同時にちゃんと全体を見ている子どもたちがいるんだと感心した次第です。さらに、その後、職業人だけでなく私宛にもお礼の手紙がたくさん届き、「表には出ないけど、裏方として支えてくれる方がいるから開催できている」といった内容が書かれていました。手紙を受け取ったときの感動、とても言葉で言い表すことができません。

このような体験があるからでしょう。夢授業で得られたものが多いです。とくに私の場合は、「自信」と「成長」だと思っています。伝える力ではなくて「伝わる力」の必要性、また本当に自信があるのかということについても再認識させられました。ある意味、啓発にもつながると言えます。それゆえ、「子どもの前で堂々と話せる大人なのか？」とか「今のままで夢授業なんて偉そうなことが言えるのか？」といったことも普段の仕事において考えるようになりました。

とはいえ、まったく興味を示さず、斜に構える子どももいます。そんなときは、「休みを取ってまで来ているのに……」と捉えず、「どうしたらこの子どもたちに自分の言霊を一つでも残せるのか……」と考えることによって、私自身の「成長」につなげています。

夢授業を通してたくさんの出会い（子ども、教師、地域の大人）があるわけですが、子どもと向き合うことで、自分の仕事、そして自分自身が好きなんだと感じることが多いです。ある意味、自己満足なのでしょうが、だからこそ心から言葉を発することができるのだと確信しています。

放課後等デイサービス

（安河顕一朗）

同郷の知人から、北九州市で面白い活動をしている団体があると聞きました。そして、「活動内容を広めていくために協力してほしい」という依頼があったのが二〇一七年二月です。第1章で述べられているように、北九州キャリア教育研究会の活動内容を聞いて、自分の価値観に合うと判断して参加することにしました。

参加して分かったことですが、木原会長はじめとして研究会に所属するメンバーの人生観や職業観などから刺激を受けるとともに、さまざまなことを教えてもらっていることも夢授業を続けている理由の一つです。価値観の周波数が合う仲間との時間は、とても心地良いものです。

言うまでもなく、子どもは「その街の宝」です。夢授業は、地域社会のことを真剣に考えている大人たちが、未来を担う子どもたちへ種をまく時間だと思っています。キャリア（仕事）の話だけでなく、大人になるということの責任や夢を現実にするという楽しさを伝え、たくさんの可能性をもっている子どもたちにエールを贈っています。しかし実際は、逆に子どもたちから「感謝」と「エール」という大きなお土産をもらっているような感じがしています。

私の仕事である「放課後等デイサービス」とは、障がいをもつ子どもに対する通所支援サービスです。学齢期（小学校から高校まで）の子どもが、放課後や夏休みなどに長期にわたって通ってきます。施設の役割は、自分の力でできることを増やせるように訓練することです。集団生活への適応訓練、創作活動、運動・音楽療育といったさまざまな内容のサービスを行っています。言うまでもなく、子どもたちにはそれぞれ個性があり、一人ひとりに合わせた支援プログラムを作成して日々支援を行っています。

このほかにも、放課後の居場所づくりやレスパイトサービス的な役割もあります。詳しく書くと、それこそ一冊の本ができあがってしまいますので、ご興味のある人は是非見学に来てください。いずれにしろ、この仕事は子どもの成長や可能性を引き出すための手助けができる、「喜び」と「やりがい」のある仕事だということです。

私の夢は、「障がい」という言葉をなくすことです。偏見や先入観がなく、人と人とがつながり、尊敬し合い、助

施設で支援をする安河顕一朗さん

け合える社会を創造するために、夢授業を通して障がい児たちの特性や長所などを知ってもらい、今よりももっと分かり合える社会の成立を夢見ています。

夢授業を通して子どもたちに何を伝えたいかというと、「命は有限なものであり、人生の主役は『あなた』である」ということです。何のために命を使い、人生を全うするのか。気取ることなく、気にすることもせず、好きなことをやり、自分自身を信じ抜いてほしい、と伝えてます。

人生の主役はあなたと話す安河さん

実は、私には障がいのある弟がいます。弟の影響もあって、悩みながらも現職に就きました。そのことを夢授業で話したことがあるのですが、後日、ある子どもが感想文のなかで次のように教えてくれました。

私にも、障がいのある弟がいます。弟のことは大好きなのですが、周りの目が気になる自分がいて、誰にも話せずに悩んでいました。自分のしたいことも、何だかしたらダメなように感じて、我慢することもありました。今日、安河さんからお仕事の話や、自分の好きなこ

―・―・―・とやなりたい自分を信じ抜く話を聞いて、少し道が拓けたように感じました。ありがとうございました。

この感想文をもらって、仕事だけでなく、自分の人生や考え方・想いが、同じような環境にいる子どもにとって「小さな光」になれると感じました。自分の過去が誰かにとっても意味を成すということは、何事にも変えられないほどの幸福感となります。そのせいでしょうか、自分自身の命の使い方を改めて見直す機会にもなっています。自らの「思い」や「願い」に立ち返り、現状を振り返ることが多くなりました。

子どもたちとの対話を通して、大人たちにも無限の可能性があることも実感しました。想いを言葉にすることの大切さ、また言葉にすることによって改めて自身の夢を明確なものにし、さらに前進していきたいと強く思っています。

人生経験を積めば積むほど周囲を気にし、自らを押し殺すことも増え、現実の社会に対して、霞をつかむような感覚に陥ることがあります。それによって、それぞれの人がもっている「素直さ」が薄れていき、生じた疑問に対してもスルーしてしまい、「一般的な大人」になっていくのかもしれません。しかし、子どもたちは本当に純粋無垢で素直です。そんな子どもたちとともに共有する時間が、「素直に生きる大切さ」を教えてくれているように感じています。

相談支援専門員

（松本翔太）

六五歳までの身体障がい、知的障がい、精神障がい者の方や障がい児がどのように生活していけばこの社会のなかで安心して、安全にかつ楽しく生活していけるかを当事者と一緒に考えるというのが私の仕事です。直接支援（入浴介助や排泄介助など）ではなく、当事者とサービス事業者（ヘルパーや就労支援施設や放課後等デイサービスなど）をつなげる仕事、と言ったほうが分かりやすいかもしれません。

「サービス等計画案」という支援計画の書類を作成し、当事者が希望するサービスを役所に提出して、保険証のような「障害福祉サービス受給者証」というものを発行してもらいます。また、定期的に「モニタリング」という面談を当事者と行い、状況把握に努めたり、支援計画を見直したりしています。ちなみに、相談支援専門員の利用料金は〇《ゼロ》円です。私たちの報酬は、「障害福祉サービス費」として国からいただいています。

このように説明をしても、「相談支援専門員」という仕事は、一般的にはまだまだ認知度の低い職業と言えます。職種で分類すると「福祉職」となりますが、夢授業では「障がい者ケアマネージャー」という職業名で参加しています。この名称は、おそらく高齢者介護における介護支援専門員、通称「ケアマネージャー」から来たものだと思っています。

夢授業に参加したことで分かったのですが、小学生・中学生・高校生、どの年代の子どもたちも私の職業について知っているという人はいません。今のところ「〇人《ゼロ》」です。そりゃ、そうですよね。大人でも知っている人があまりいませんから。ですから私は、「僕の仕事を目指してくれ、と言うつもりはないよ。今日は僕の仕事を知ってもらって、そういう仕事が世の中にはあって、その仕事をめちゃくちゃ楽しそうにやってる人がいるってことだけを覚えて帰ってね」と子どもたちに伝えています。

私が夢授業に参加したきっかけは、同一法人で一緒に働いていた知人（Y氏）から誘いがあったからです。当時、私は介護付有料老人ホームで相談員をしていました。Y氏とは部署が違いましたが、彼は私が抱いていた福祉人のイメージをとてもいい意味で壊してくれました。今でこそ、周りに素敵な福祉人がたくさんいますが、Y氏は私が初めて出会った「スーパー福祉人」だったのです。そんなY氏から夢授業の話を聞き、しかも誘ってもらったわけですから、参加しないという選択肢はありませんでした。

そのとき、自分に何ができるかまったく分かりませんでしたが、

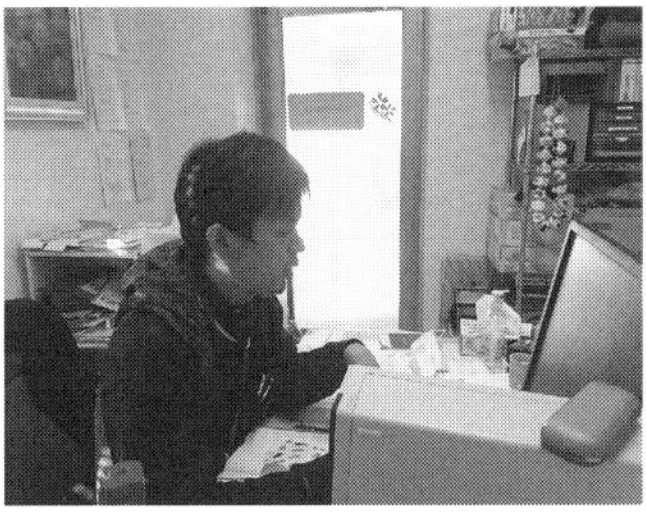

支援計画の書類を作成する松本翔太さん

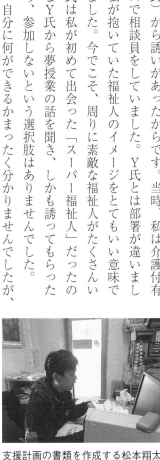

快諾し、初めて参加した夢授業は自宅近くにある小学校だったことを覚えています。ちなみに、初参加から一年ぐらいは「介護福祉士」として参加していました。

今現在、私は「北九州福祉向上委員会」という任意団体を立ち上げたり、いろいろなボランティア活動に参加したりしていますが、私のルーツは確実に北九州キャリア教育研究会の夢授業であり、Y氏と同じ法人で仕事ができたことがターニングポイントとなりました。

夢授業にかかわってから三年ぐらいが経つと思いますが、初参加から一貫して子どもたちに伝えていることがあります。それは「福祉の魅力」です。メディアでは、介護関係者による虐待や不祥事などが取り上げられるほか、賃金が低いなどとネガティブなイメージがたくさん発信されているのですが、私は、福祉は楽しいし、やりがいもあるし、極めればそれなりの給料ももらえることを伝えています。

そもそも福祉とは、おそらくすべての人が何らかの形でお世話になるものです。保育もそうですし、自分や親が高齢になったときにお世話になります。縁起でもない話かもしれませんが、今この瞬間、脳梗塞になり、身体機能に支障が出るかもしれないわけです。そう考えると、「福祉って他人事じゃない」と言えます。常に「自分事」として福祉をとらえていてほしいと、一回一五分の夢授業のなかで五分ほど使って話しています。そのあと、生徒たちからの質問に答えていきます。

「なぜ、この仕事を選んだんですか？」という質問や「やりがいはなんですか？」という質問がやはり多いです。これらの質問には、「母が脳出血で倒れて、介護が必要になったから」とか「俺は、今ここにいる人たちのなかで一番優しいから」と答えるほか、「松本さんが相談員でよかったと言われること」と答えています。

一度、「いつから今の仕事を頑張ろうと思ったんですか？」という、少し違った角度からの質問を受けたことがあります。その質問に対して私は、「ある人に出会ったから。その人をカッコイイなーと思ったから。その人と同じフィールドに立ちたいと思ったから」と答えました。もちろん、その「人」というのは前述したY氏です。

このあたりまで話していると、残り時間が五分前後になります。ここで、「みんなは大人になりたい？　大人ってどんなイメージ？」という質問を子どもたちにします。すると、寂しいことに、「大人になりたくない」とか「大人は疲れているイメージ」という答えが結構な頻度で返ってくるんです。このような事実、悲しいと思いませんか？　また、なぜだと思いますか？

福祉の魅力を伝える松本さん

子どもたちがこのように答える理由はもちろん分かりませんが、もしかしたら、子どもたちの周りに、生き生きとした素敵な大人が少ないのではないかと私は思っています。もちろん、素敵な大人もいることでしょう。でも、肩を落として「疲れたぁー」と口癖のように言っている大人が多いのではないでしょうか。とすれば、子どもたちが「大人になりたくない」と思うのも当然かもしれません。

でも、夢授業に参加している「職業人」と呼ばれる大人たちは、一〇〇パーセント仕事を楽しんでおり、仕事に誇りをもち、キラキラとした日々過ごしています。そんな大人たちを、子どもたちに見せる必要があります。そして、子どもたちが「早く大人になりたい！」とか「大人って楽しそう！」と言ってくれるようになることを望んでいます。

残りの一分で、子どもたちに次のように伝えています。

「みんな、今でも十分に優しいと思う。でも、今日からは今までよりも一ミリでもいいから、周りの人にもっとやさしく接してみてほしい」ということと、「今日、みんなとお話をして、俺が冗談を言ったりしたときに笑ってくれてる顔が一番（女子は）かわいかったし、（男子は）かっこよかった。だから、今日から誰かと接したり、お話するときは、今までよりも少しだけ笑顔でいることを意識してほしい。でも、少しでいいよ。あんまりニヤニヤしすぎると『ヤバいヤツ』って言われるからね（笑）」という二つです。

きれい事と格好つけているわけではなく、「笑顔」にはすごい力があると私は思っています。もちろん、私自身、誰かと接するときには笑顔で接しています。その自負心から、これについては必ず話すようにしています。

それにしても、「子どもたちの明るい未来のため」に話したことが「大人たちのモチベーションを上げることになる」という夢授業、すごいと思いませんか。職業人同士で話をしているとき、次のような話を聞くことがよくあります。

「俺（私）たちが子どものころにも夢授業があったらよかったよね」

夢授業が私たちの街のスタンダードに、そしていつか日本のスタンダードになれば、とんでもなく明るい未来が生まれるのではないかと本気（ガチ）で思っています。最後になりますが、私が密かに期待していることをお伝えしておきます。

夢授業で話した子どもが、いつか私と同じ福祉職に就き、「松本さん。僕（私）のこと覚えていますか？　○○学校で夢授業があったとき、松本さんとお話したんですよ。それで僕（私）は、この仕事を選んだんです」と言って会いに来てくれることです。本当にそんなことが起きたら……きっと鳥肌もんです。泣いてしまうかもしれません。

地方公務員

（神河《かみかわ》　宏《ひろし》）

北九州市の職員となって一五年目となります。公務員（市役所）のイメージと言えば、「お堅い」、「真面目」、「定時で帰れて楽」というものが多いようです。そんなイメージをよい意味で壊していきたいものです。つまり、クリエイティブで面白い仕事も結構あるのです。

これまでに私が担当した業務は、未利用市有地の売払い（財政局）、市立病院の医療事務（病院局）、市立特別支援学校の新設（教育委員会）、税金の徴収（財政局）といったものです。これだけでも、市役所にはさまざまな仕事があることが分かっていただけると思います。ひょっとしたら、一階の窓口に座って、住民の依頼事に答えているだけが仕事だと思っていませんか？「一〇〇万都市北九州市」を守るために、多くの職員がさまざまなジャンルで働いているのです。

ちなみに、地方公務員になるためには採用試験に合格する必要があります。自治体によって試験の内容が異なっていますので、ホームページや採用試験説明会などで情報収集をし、試験対策（勉強など）を進める必要があります。私の場合は、北九州市役所の上級職を受験しました。上級職といっても「大学卒業」という学歴は必要なく、一定の年齢に達していれば受験可能であるため（試験内容は大学卒程度が求められますが）、大学を中退している私でも上級職で受験することができました。もっとも、それなりの勉強はしています。半年間、一日当たり九時間ほど勉強をしましたが、これまでの人生のなかで一番「勉強」というものをしたときとなります。(笑)

さて、夢授業に参加するようになったのは、木原会長から誘われたからです。一〇年前、結婚式の打ち合わせを式場で行っているときに木原会長と出会い、ライフプランや生命保険の相談をしました。それ以後、子どもの出生などといったライフイベントのたびに相談に乗ってもらっています。

初めて木原会長から夢授業の話を聞いたときは、「ボランティアで、なぜ大人がたくさん集まるのだろうか?」とか「平日の開催だと参加しづらいな……。ボランティアで面倒くさそうだな」といったネガティブな感想をもったことを白状しておきます。しかし、地方公務員として、小学生・中学生・高校生からリアルな話が聞いてみたいとか、異業種の人々と交流することでさまざまな意見を吸収したいという願望はありました。

そんなある日、高校生を対象とした夢授業が土曜日に開催されるという情報を木原会長からもらい、「土曜日なら参加できるな。高校生の生《なま》の声が聴いてみたいな」と思って、初めて参加することに

出向先の事業紹介をする神河宏さん

したのです。結論を先に言うと、終えたとき、私は夢授業の虜になっていました。

地方公務員は高校生の人気職種ということもあって、熱心に話を聞きに来てくれる生徒が多かったです。私のほうはといえば、高校生と直に職業の話をすることの新鮮さに感動すらしていました。このとき、「元々公務員志望だったけれど、今日の話を聞いてますます公務員になりたくなった」とか「公務員に興味がなかったけど、話を聞いて興味をもった」と話してくれた高校生がいました。ここまで言われると、やはり虜になってしまいますよね。

高校生を対象にした夢授業に参加したあと、小学生や中学生からもリアルな話を聞いてみたいと思い立ち、有給休暇を取って平日に開催される夢授業にも参加しました。回数を重ねるごとに子どもたちとのコミュニケーションがスムーズなものになり、仕事以外の職業観や人間観などといったさまざまな話もできるようになり、ますます夢授業の虜になっていきました。

たくさんの夢授業に参加して思うことは、夢授業を受けることができる今の子どもたちは恵まれているなーということです。私が子どものころは、かなりかぎられた情報のなかで進路や就職のことを考えざるをえませんでした。小学生のころといえば、自分の親や友達の親、近所に住むおじさんの仕事しか知らなかったものです。しかし今、北九州市では夢授業を受ければいろいろな仕事を知ることができますし、さまざまな大人がいるということも分かるのです。子どもたちにとって、これほどのメリットはないでしょう。

前述したように、私は大学を中退してからフリーター生活をし、改めて勉強をして地方公務員になっています。自らの経験談を伝えることで、「人生、何があるか分からない」といったことや、「一度挫折しても何とかなる」ということを含めて、地方公務員としての仕事の内容を子どもたちに話しています。

ある日のことですが、夢授業のときに聞いた子どもの言葉が忘れられません。「僕の親が公務員なのですが、自分の親の仕事のことが初めて分かった」と言ったのです。公務員以外でも、このように話す子どもたちが意外に多いのです。このような事実は、親が自分の子どもに仕事の話をあまりしていないということになります。私も気を付けないといけないことですが、夢授業ではこのような問題も解決することができるのです。

もう一つ、私のモットーであり、大切にしている「ＡＴＭ（明るく・楽しく・前向きに）」という言葉についても毎回話しています。仕事だけでなく、勉強でも、スポーツでも、ＡＴＭの気持ちがあれば何とかなる、ということを無責任にも話しているのですが、それが理由なのか、ある小学校では、二〇人くらいの子どもからサインを求められたことがありました。職業人が書いたサイン、自宅の勉強机の前に飾られているのでしょうか……そうであれば、うれしいです！

最後に、私が夢授業の虜になった理由をもう一つ述べておきます。たぶんほかの職業人も言っていることでしょうが、夢授業にかかわっている職業人が、みんなキラキラしていてカッコいいということです。職業人として参加している人は、みなエネルギーにあふれています。私もたくさんの職業人から刺激を受けましたし、「自分も、もっとキラキラした公務員にならなくては！」と思ったものです。

実際、夢授業に参加していくことで、自らのなかに変化を感じはじめました。その変化というのは、「自分の仕事や、自分自身に誇りをもてるようになった」ということです。子どもたちに話をすることで自らの仕事を見つめ直すことができ、「恥じない大人になりたい」という思いが芽生えたことで起こった変化であると私は思っています。

北九州市を中心に夢授業が広がりつつあるのは、魅力的な職業人が集まったこと、そして夢授業を通して大人が成長していること、その結果、さらに夢授業の魅力が向上しているという好循環が起こっているからでしょう。夢授業、子どもにとっても大人にとっても価値ある有意義なプログラムであると言えます。

熱くATMを語る神河宏さん

第4章

さまざまな職業人

吉野川でラフティングをする末田昌生さん

ここでは、ちょっと珍しい職業をされている人からのコメントを紹介していきます。思わず、「えっ、そんな仕事があるの!?」と声を出してしまう職業や、「何となく想像できるけど、それで生活ができるの?」と疑問をもってしまう職業もあるでしょう。でも、みなさん立派に仕事をし、生活をされています。

特異な職業ゆえでしょうか、子どもたちに発するメッセージも個性的で、力強いものとなっています。夢授業に参加している職業人の多くが、「私も聞きたい」とか「仕事の現場を見たい」と言ってしまうほどの職業に従事している人たちの言葉、なかなか興味深いものとなっています。

特殊高所技術者

（山本正和）

通常の方法では近接することが困難である橋梁・ダム・水力発電所などの大規模構造物や風力発電機のブレード（羽根）に対して、特殊なロープや機材を用い、「特殊高所技術」という手法で近接して、対象物の調査・点検・非破壊検査・補修工事などを行う人を「特殊高所技術者」と言いますが、それが私の職業です。高所作業車などの重機を用いることができない、重機の性能が理由で近接がかなわない場所、仮設足場を設けないと近づくことができないなど、「近接困難箇所」と言われる高所での業務が主になります。高所恐怖症の人であれば、絶対に選ぶことがない職業です。

　橋梁を例に挙げて説明しましょう。日本国内にある長さが二メートル以上の橋梁については、五年に一回の「近接目視点検」が求められています。その数、七三万橋とも言われています。もちろん、そのなかには、高所作業車や橋梁点検車といった重機を使うことが可能な橋も存在していますが、幅員《ふくいん》が広かったり、橋脚の高さが高すぎたりと、近接が困難とされる場所へ安全に近接し、調査・点検を行うことになります。

　地方公共団体が管理する橋梁のなかには、建設されてから八〇年以上も点検記録がない橋も存在しています。我々が点検して重大な損傷を発見し、「通行止め」や廃橋になったという橋が毎年一〇橋近くも存在しています。

　二〇一九年一〇月一日、午前九時半（日本時間午前一〇時半）ごろ、台湾北東部に位置する宜蘭県の漁港「南方澳」

瀬戸大橋の点検

に架かる橋が突然崩落したというニュースが飛び込んできました。橋の中央部分から真っ二つに折れるように崩落した瞬間をニュースが伝えていましたので、ご覧になった人もいるでしょう。アーチ型のこの橋は、一九九八年に完成し、二〇一六年に定期点検が行われ、二〇一八年に補修したばかりだったのです。日本国内でも、二〇一二年に「中央自動車道笹子トンネル天井板崩落事故」が起きています。トンネルの天井が落下するという事故で、三人が負傷し、九人が亡くなっています。このように、誰もが「あり得ない」と思っている事故が起こっています。人々が安全に、安心して暮らすためには定期的な点検が不可欠となります。

最近増えている仕事といえば、風力発電機、とくにブレードのメンテナンス業務があります。回転するブレード先端の最高速度は時速二九〇〜三〇〇キロにもなります（機種によって違う）。ブレード前面に空気中の水分や塵《ちり》が衝突することで、ブレードが浸食されていく「エロージョン」と呼ばれている損傷が起こるのです。これ以外にも、落雷によるブレード損傷があります。難儀なことに、被雷した跡は一ミリ程度のときもあって、遠望で発見するのは非常に困難なのです。

それゆえ、近接することによって損傷状況をより正確に把握し、適切に補修することでダウンタイム（操業停止時間）を最小限に留め、早期の運転再開に努めています。洋上風力発電機の計画が全国で進んでいる現在、ブレードに近接できるという技術者の需要がますます増えています。また、特殊高所技術の適用範囲は多岐に及んでおり、まだ見ぬ可能性を秘めていると言えます。

さて、私が夢授業に参加することになったきっかけというのは、交通安全を啓発する活動を通じて知り合った友人（一九五ページの平安《ひらやす》和幸氏）からの誘いでした。最初に夢授業に触れたのは、二〇一八年六月一二日に開催された剣北小学校です。その二週間後に北九州市立深町小学校で職業人として参加することが決まっていたので、様子を知ろうと見学したのです。見学するまでは、「出前授業的なものかな」と思っていましたが、事務局メンバーの連携や役割分担、進行チェックやＢＧＭ、そして終了時に子どもたちを見送るセレモニーなど、想像以上に組織だって運営されていることを目にして感動しました。

もちろん、参加している職業人たちの子どもたちに向き合う姿に触発もされました。それぞれが、自分の職業について説明するための小道具や資料、実際に仕事で使っている道具を子どもたちに触れさせたりして、各職業のイメージをしやすくしていたのです。

すでに繰り返し述べられているように、夢授業の目的は「子どもたちに職業観を芽生えさせ、育むこと」と「子どもたちに将来の夢や希望を与えること」ですが、それと同時に、参加している職業人側にも大きなメリットがあります。

自分が、なぜ今の職業に就いたのか、現在の職業にどのような意義や社会的な使命があるのか、そしてやりがいをどこに感じているかなど、忙しく毎日を過ごしているとこれらを意識することがなく、ある意味、惰性で日々を過ごしていることもあるわけですが、そんな流れに一石を投じるのが夢授業だと感じています。つまり、一石が投じられたことで自らの心に「問い」という波が起き、自問自答をすることで答えを得、翌日からの生活に「張り」をもたらすのです。また、経営者という立場から夢授業の価値を考えると、自社の仲間（社員）が職業人として話すことで自らの人生を振り返り、今後の取組について想いを新たにする機会になると確信しています。

何と言っても、子どもたちからの質問は常に容赦のない直球です。それに、大人の嘘もすぐに感じ取ってしまいます。このような質問に答えるとき、自分の職業や役割について、誰しも確信していることを言葉として発する必要が出てきます。仲間が自己を肯定するという意味でも、非常に意義のある活動だと感じています。

業種・業界を問わず人手不足が叫ばれている現在、中小企業にとって、若者たちへの期待はひとしおです。しかし、自分の仕事が知られていない状態では、彼らの選択肢には入っていきません。子どものころからさまざまな職業があることを知ってもらい、自分に合った職業を選択してもらうということは、企業側にも非常に意義のある活動となります。また、子どもたちに憧れをもってもらったことで、彼らが大人になったときにも存続しておかなければならないという責任も生まれてきます。

夢授業に参加している理由がもう一つあります。それは、私が小学生低学年のころに体験したものです。

「山本君は、いい子なのか悪い子なのか分からない」と、担任の女性教諭が投げ掛けてきました。私は、（いい子に決まってる！）と心の中で叫びました（笑）。言われた言葉の意味はさておき、この一言をどういうわけか今でも覚えているのです。

多感な子ども時代、誰かから投げ掛けられた言葉というものはずっと覚えているものです。そのような一言が頭の片隅に残り、事あるごとに思い出されるという経験をしてきましたので、夢授業を通して、少なくとも将来に希望がもてるような「ポジティブ・ワード」を発したいと意識しています。逆に言えば、子どもたちに何かを伝えるために話すときは、大人の場合よりも慎重になり、怖さを感じるということです。「間違って伝わらないか」とか「マイナスの意味にも捉えられる言葉ではないか」などと考え、言葉を選ぶようにしています。

これまで、社会人になってからさまざまな人と出会っているのですが、想像もしていなかった職業の人にたくさん会っています。四〇歳になった今でも、初めて耳にするような仕事をしている人に出会います。要するに、「大して

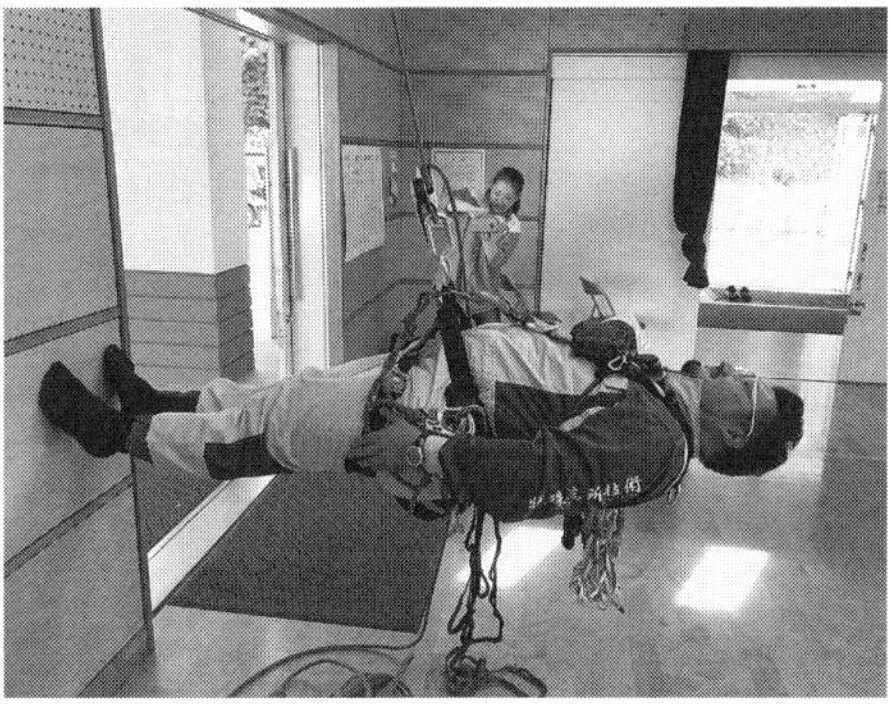

夢授業で体育館の壁を昇る山本正和さん

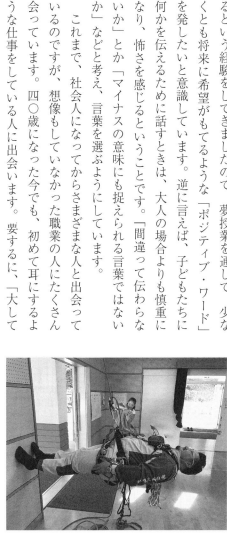

知らなかった」ということです。職業を選択するとき、このような情報を知っておれば選択肢を広げることができるのです。

このように考えることになったきっかけは、我が子が生まれてしばらくしたときです。子どもたちに少しでも多くの職業を教え、選択肢を増やしてやりたいと思っていた時期がありました。しかし、オックスフォード大学のマイケル・オズボーン准教授が二〇一三年に発表した論文「雇用の未来――コンピューター化によって仕事は失われるのか」を読むと、「一〇年後に消える職業、なくなる仕事」と書かれていたのです。要するに、世の中の技術の進歩や生活様式の変化によって、今ある仕事がすべて未来永劫存続するとはかぎらないし、今は存在していない仕事が出てくる可能性があるということに気付かされたのです。

我が身を振り返ってみても同じです。起業当時、世の中にまったく認知されていなかった技術を使うという会社を起業しています。そう考えると、「こんな職業がありますよ」とか「こんな職業もありますよ」と現存する職業を並べて提示するだけでは意味がありませんし、限界もあります。もちろん、さまざまな職業があるという事実を伝えることも大事ですが、社会の変化に対応できるだけの大人になってもらう必要があります。そのためにも、働くことの意義や目的といった本質に気付いてもらうことが重要だと考えるようになりました。

このようなときに夢授業に出会いました。さまざまな職業人と直接対話できる活動は、我が子だけでなく、多くの子どもたちに「無限の可能性」を感じてもらえるのではないかと思うようになったわけです。そして、今後、夢授業をさらに価値あるものにするためにはどうすればよいのだろうか、と常に模索もしています。市民生活を支える、地域に根ざした職業を知ることも重要ですが、新しいこと、つまり「イノベーション」を起こした人たちの考え方やストーリーを伝える機会もつくりたいと私は考えています。

現在、私は仲間とともに「福岡キャリア教育研究会」を立ち上げ、小学生から高校生までを対象に夢授業を実施していこうと考えていますが、子どもたちの成長や理解度に応じたコンテンツを提供していけるように、先生方とも協働しながら発展させていきたいと思っています。

何ともおこがましいことを言っていますが、私の活動エリアは福岡市内であり、北九州市を中心に展開されている夢授業を、北九州キャリア教育研究会のサポートのもと福岡市近郊でも行いたいと考えているということです。事実、二〇一九年二月には福岡市内で初めてとなる夢授業を福岡市立和白中学校で実施しました。また、二〇一九年度中に三校で開催したほか、二校で実施予定となっています（二〇一九年一二月末現在）。

具体的に、子どもたちにどんな話をしているのかについて説明します。夢授業が開催される場所と人的リソースにもよりますが、可能なかぎり、実際にロープにぶら下がっている姿を見てもらうように心掛けています。スライドや写真を使って説明もしますが、やはり「百聞は一見にしかず」です。現場で使っているプロの道具に触れることも、子どもたちにとっては刺激があるようです。また、ＶＲゴーグルを使って、特殊高所技術者が上空四〇メートルといった高所で作業している状況を疑似体験してもらうことにも興味がそそられるようで、フリータイムには長蛇の列ができることがあります。

ある学校では、ＶＲゴーグルをした状態で、「後ろから抱えて持ち上げてくれ」とお願いされました。足のつかない不安定なところでロープにぶら下がっている状態を再現したいから、というのが理由でしたが、子どもたちとの触れ合いは素直に楽しい時間となります。

このようにして打ち解けたあと、缶コーヒーのＣＭではないですが、この世の中はたくさんの職業で成り立っていることを伝えています。対象が小学生であれば、「世の中の大人が全員学校の先生だったらどうなるかとか、お医者さんだったらどうなるか」と尋ねて、さまざまな職業が必要であることに気付いてもらうようにしています。もちろん、私の職業にも触れ、橋が落ちた話やインフラがきちんと維持管理されていることなどを通して普段の生活が成り立っていることを伝えています。

そして、災害に直面して初めて知ること、つまり水道の蛇口をひねれば水を飲めることや、スイッチを入れれば明かりがつくことなど、身の周りの「当たり前」は勝手にそうなっているわけではなく、そのために一所懸命に働いている人たちがいることについても話しています。

もちろん、「仕事のやりがい」や「仕事をする目的」も伝えています。また、達成感も感じることができるということを話し、もし、現在ある職業に希望するものがないときは無理に探す必要はなく、起業するなどして自分で道を切り開くという選択肢があることも自分自身の経験を通して伝えています。

そのために重要なことは、「何にでも興味をもち、疑問に思うこと」です。私は子どものころ、何にでも興味をもっていました。父親から「キョロキョロするな」とよく言われていました。機械の中がどうなっているか知りたくて、復元できないほどバラバラに分解するのが大好きでした（父親に叱られたという記憶はありません）。こんな経験を話すことで、興味をもつことの重要性や、疑問に思ったら答えを求めるために努力することの大切さを伝えています。

ひょっとすると、一番大事なことは「出会い」や「感謝」かもしれません。私の場合、起業時は共同経営でしたので、現在のビジネスパートナーとの出会いが今につながっています。自らの道を左右することになるかもしれない「出会い」、大事にしてほしいものです。そして「感謝」。これについては、『あなたの夢はなんですか？　私の夢は大人になるまで生きることです。』（池間哲郎、致知出版、二〇一一年）という本を紹介しながら話しています。

この本には、フィリピンのゴミ捨て場で暮らす少女が、「私の夢は大人になるまで生きること」と答えたというエピソードが書かれています。「今通っている学校を退屈に思うかもしれないけど、世界を見ると今の状況はとても恵まれており、感謝せずにはいられないのでは？」と、問い掛けています。

とくに、子どもたちの記憶に留めて欲しいことは、「楽しそうに仕事や人生について語る大人がいる」ということです。それを知ることで、「大人になるのは楽しい」というイメージが残ればいいなと思っています。なかには、仕事が終わって家に帰り、職場の愚痴や仕事の大変さばかりを嘆いている親がいるかもしれません。それを耳にする子どもたちは、「大人って大変そうだな」とか「働きたくないな」と思うかもしれません。それだけに、世の中には楽しそうに生きている大人がいることを知ってもらいたいです。

夢授業にかかわってまだ一年足らず、職業人として話したのは一〇校程度ですが、毎回子どもたちからいただく手紙を読むたびに、「今の仕事をしていてよかった」と思います。私の話を聞いてびっくりしたことや初めて知ったことを伝えてくれるほか、「自分もこの仕事をしてみたいと思いました（小学生）」、「私たちの安全のために命がけで働いてくれると考えたら感謝しかないです（高校生）」、「大変な仕事なのに、笑顔で頑張っている写真を見て、尊敬できる人だなと思いました（高校生）」といった感想が寄せられています。いい意味でプレッシャーを与えてくれること、つまり「心のごちそう」がいただけることに感謝したいです。

葬祭業

（新保《しんぼ》 優《ゆう》）

葬祭業、これが私の仕事です。通夜・葬儀がスムーズに進むようにサポートする仕事です。病院へのご遺体のお迎え、葬儀内容の打ち合わせ、火葬場の予約、祭壇・返礼品・棺・食事などの準備のほか、式の進行や参列者への「おもてなし」などにおいてサービスがしっかりと行き届いているかなど、葬儀全体の目配りをしています。また、会葬御礼や法事の相談など、葬儀後もご遺族とのお付き合いが続くという仕事です。

山村美紗原作のサスペンスドラマ「赤い霊柩車シリーズ」（フジテレビ）や、ご遺体を棺に納める「納棺師」になった男性が、仕事を通して成長していく姿を描いた感動作『おくりびと』（滝田洋二郎監督、二〇〇八年、松竹）、そしてコロッケが主演した『ゆずりは』（加門幾生監督、二〇一八年、「ゆずりは」制作委員会）を観られた人なら、私の仕事について、多少なりとも理解をしていただけるように思います。

やり直しがきかない一生に一度という時間、後悔などはもってのほかで、ご遺族と故人さまがしっかりとお別れができる空間づくりを心掛けています。ご遺族が何を望んでいるのか、どのような葬儀にしたいかなど、ご要望に耳を傾け、ご遺族とご一緒に考えて、故人らしい葬儀をつくり上げていきます。

ただ葬儀という仕事をこなすだけでは、担当者なんて誰でもいいということになります。私がご遺族の葬儀をお手伝いさせていただくのもご縁ですから、自分なりにできるサービスをそれぞれ故人様をイメージしながらサポートしています。また、大切な人を失った悲しみは計り知れないものです。葬儀が終わったあとも、少しでも悲しみを和らげていただけるように、またみなさまが早く普段の生活に戻れるように心のケアも心掛けています。つまり、葬儀が終わったあともご遺族とはお付き合いが続くという仕事なのです。

さて、夢授業へは、中学校の先生からお話をいただいて参加したというのがきっかけです。参加しはじめて三年になりますが、当時はここまで深くかかわっていくとは思っていませんでした。今でも覚えているのは、とても緊張していたことです。そして、年齢が若く、社会人としての経験もほかの人に比べるとまだまだ浅かったので、私の話なんかでよいのかとたびたび思っていました。

ボランティア活動というものは、非常に消極的な生活を送っていたこともあって経験したことがありませんでした。初めて参加したボランティアが夢授業となります。参加して分かったことは、自分自身がボランティア活動に対して偏見をもっていたことです。それまでボランティア活動とは、退職後あるいは無職の大人たちが時間つぶしで参加し、社会とのつながりを求めていく場だと勝手に「イメージづけ」をしていたのです。

そんな感覚で臨んだ初の夢授業、自分の固定概念というものがなんとも浅はかなもので、これまで、いかにつまらない人生を過ごしていたのかと思い知らされることになりました。子どもだけでなく、職業人の大人たちがとてもキラキラしていて「熱い」のです。なんだ！　この空間は……と、衝撃を受けたことを昨日のことのように覚えています。それからというもの、回を重ねるごとに夢授業の魅力にどんどん吸い込まれていきました。

子どもたちの純粋な悩みや思いに対して、熱い思いを胸にもって参加している多くの職業人が親身になって答えるのです。とても有意義な時間だと思います。なぜ、自分が子どものときになかったのか……と恨めしい思いがします（笑）。それだけに、参加している子どもたちがとてもうらやましく思えてきます。

同じ年齢でも、将来の夢がしっかりとあり、進むべき道についてしっかり調べている子どももおれば、夢をもてないという子どもや考えられないという子どもなど、夢授業に参加している子どもたちの熱量はさまざまです。私自身も、中学生のころに「将来の夢は何ですか？」と聞かれたとき、答えることができませんでした。仕事

葬儀の準備をする新保優さん

をするなんてまだまだ先のことで、想像することができないどころか、考えることすらしていなかったのです。

今の仕事に就きたいと思って葬祭業を選んだわけではありません。むしろ、一番やりたくない職業でした。じゃ、なぜ選んだのか？　これについては、生徒たちから必ずと言っていいぐらい質問を受けます。

今まで、やりたいことをたくさんさせてもらって、飽きたら辞めるという状態の繰り返しでした。結果的に、「これは頑張った！」とか「やり遂げた！」というものが何もなかったのです。親にも周りの人にもたくさんの迷惑をかけてきて、このままではいけないな……と働くことを選び、職種を考える際に掲げたキーワードが、「やりがいのある仕事」、「人のためになる仕事」そして「人がやりたがらない仕事」の三つでした。その結果、選んだ仕事が葬祭業だったのですが、二〇二〇年で七年目に突入しています。

私が夢授業で子どもたちに伝えたいことは、「やりたいこと、迷っていることがあるなら、結果を考えずにまずやってみる」、「一つの物事にとらわれすぎるのではなく、少し角度を変えて物事を見るようになるだけでも世界が変わる」、そして「命の大切さ」です。

もちろん、夢授業では子どもたちからたくさんの質問をいただきます。これが夢授業の魅力の一つでもあるのですが、それらの質問によって私のほうがさまざまなことに気付かされるのです。

純粋に、飾ることなくストレートに質問をしてくれるので、大人と話している場合にはまず出ないようなものがよく出てきます。それらの質問が私にとってはエールとなり、明日からまた頑張ろうと思うことになるのです。

これまでに受けた質問のなかから、印象的なものを二つ紹介します。一つ目は「悲しいと思わないのか？」というものです。いかがですか、ストレートな質問でしょう。この質問に対しては、次のように答えています。

人の死にかかわる仕事をはじめた当時は、葬儀のたびに感情的になって泣きそうになることが多々ありました。今は、いい意味で慣れました。決して機械的にしているということではなく、「慣れないとよい仕事を提供することができない」と思うからです。ご遺族が悲しんでいるなか、私たちは葬儀を円滑に進むようにしなければならないのです。

なかには、八〇歳を過ぎたくらいの方が亡くなった場合、笑顔で送り出すご遺族もたくさんいらっしゃいます。式場から火葬場に出棺する際、私たちも「長い間お疲れさまでした」と思いながら送り出してます。一方、今でも慣れないのは、不慮の事故や自殺などで亡くなってしまう方の葬儀です。何度担当をしても、やはり涙が出てしまいます。

もう一つの質問は、「この仕事で学んだことは何ですか？」というものです。たぶん子どもだけでなく本書の読者のみなさんも、この質問に対する私の答えは、一つを除いて想像がつかないと思います。何と言っても一番は、みなさんが想像するように「命の大切さ」です。これと同じくらい重要なことを、私は仕事を通じて学びました。それは、「当たり前」や「普通」と思っていること自体が「幸せなことである」ということです。

　葬儀の仕事をしていると、さまざまな状況で亡くなられた方とお会いします。病気や高齢が理由で亡くなられる方がほとんどですが、前述したように、不慮の事故で若くして亡くなられる方もいらっしゃいます。三〇代のスポーツマンで、とくに持病もなかったのに、ある日の朝、突然死で亡くなっていた方、自身の誕生日祝いで友だちとともに車で出掛け、事故を起こして、後部座席に乗っていたその方だけが外に投げ出されてそのまま亡くなってしまったという一〇代の方もいました。

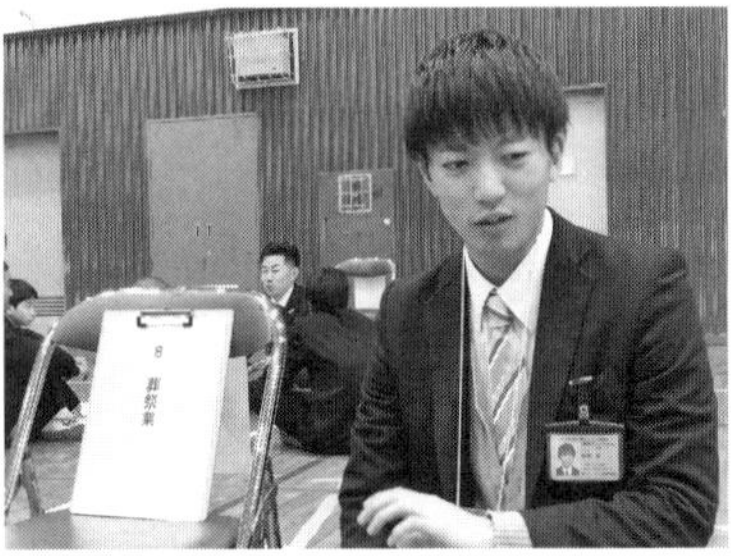
ストレートな質問を受ける新保さん

　脅すわけではないですが、朝起きて学校や会社に行くという生活、休みの日に友だちと遊んだり好きなことをして過ごすという時間、これら「当たり前」と思えるようなことが叶わなくなる方も世の中にはたくさんいるということです。ごく普通の生活が、本当は幸せなことなんです。今ある時間をちょっとだけ大切にしてみたり、人に感謝をする——これらを少しずつ自分の生活に取り入れたことで、今まで以上に楽しい毎日が過ごせるようになりました。

これまでたくさんの夢授業に参加してきて思うことは、参加する私自身が大きく成長させてもらっていることです。夢授業に出会えたこと、そしてさまざまな質問を通して私に刺激を与えてくれる子どもたちに、本当に感謝しています。これからも、微力ながらこの活動を支えていくことができればと思っています。そして、このような活動が全国で「当たり前」に行われる日が来ることを祈っています。できれば、葬祭業という仕事が一人でも多くの人に知ってもらい、「死」ということについて、社会の考え方がさらに進むことを願っています。合掌

（小林大介）

ビューティーディレクター

ちょっと耳新しい「ビューティーディレクター（美容部員）」という職業、実はみなさんもご存じの映画『キューティーハニー（実写版）』（庵野秀明監督、二〇〇三年）以降、スタッフロールに登場しています。そして、「葬祭業」について書かれた新保優さんが紹介している映画『おくりびと』（滝田洋二郎監督、二〇〇九年）においてこの仕事が認知され、実績が高められました。

一般的には、化粧品やエステ、メークアップを通して一人ひとりのお客さまに寄り添い、「美の可能性」を見つめ、その人の理想とするお肌へと導いていくというのが仕事です。言うまでも

なく、お客さまにお肌がキレイになったと喜んでいただき、「驚きと感動」が生まれるように努めています。

単に化粧品を販売するだけではなく、お客さまのことを知り、お肌についてたくさんのことを語り、その人にとって最適となるアドバイスをすること、それを私は大切にしています。世の中には、もっとキレイになりたい、自分らしくありたい、でも自分に合った化粧品が分からない、またその一歩をどのように踏み出していいのかが分からない、という女性がたくさんいます。そんな女性たちの願いや悩みに共感し、応援し、一緒にゴールを探しています。そのなかでも、一番大切にしていることがコミュニケーションと対話、そして信用と信頼です。これらをベースにして、一人ひとりの美しさを届けていきたいと思って仕事をしています。

私は、住宅街にある店で活動をしています。地域あってこその店と考えているため、七年前から近くにある特別養護老人ホームで、月に一回美容ボランティアをはじめています。施設でハンドマッサージやメークサービスをするというのがその内容ですが、利用者に口紅をつけてメークをすると、鏡を見るたびに笑顔になられます。照れ隠しなのか、最初は遠慮をする人も多いのですが、いざやってみるとみんな笑顔になり、写真を撮るときにはピースサインや頬に手をあてて女性らしいポーズをとったりします。このときほど、「メークの力って凄い」と思ったことはありません。いくつになっても女性は女性であり、その気持ちを蘇らせる「魔法のツール」だと確信しました。

メークをすることで生き生きとした前向きな女性になるんだと感動したわけですが、そんなとき、フェイスブックで「北九州キャリア教育研究会」のページが目に留まりました。「夢授業」と題された記事には、学校の体育館でさまざまな業種のプロが集まって、本気で子どもたちに接している写真が掲載されているのです。こんなにも熱い思いで子どもたちの職業観を芽生えさせ、将来への夢や希望をつくり、ボランティアとして活動している団体があるのだと驚きました。そして、ビューティーディレクターの仕事が、外見だけではなく内面（心）にも影響を及ぼし、人を美しくキレイにする素晴らしい仕事であるということを、ボランティアで経験した感動をふまえて子どもたちに感じてもらいたいと思い、夢授業に参加することになりました。

夢授業に参加した当初は、ビューティーディレクターとしての魅力を子どもたちに分かりやすく話すことで頭がいっぱいでした。しかし、回数を重ねるにつれて、仕事をすることの楽しさ、大人になる楽しさ、夢をもつ楽しさなど、人生にはたくさんの楽しさがあるということが伝えられるようになりました。これからの時代を担っていく子どもたちが、夢をもって大人になり、働きはじめたときに夢授業を受けてよかったと思ってもらうようにすることが大切です。それゆえ私は、夢授業の最後に、今日体験して心に響いたことや印象に残ったこと、そして今感じている気持ちを大事にして欲しいと伝えています。

影響力のある人の考え方などによって、社会の物事は大きく変わります。それだけに、子どもたちにとってより良い社会や環境をつくることが大人の役割となります。子どもたちに希望をもたせ、明るい未来があることを伝えるためにも、このような活動に賛同する「人」をつくることが大切ではないでしょうか。

具体的にどんな話をしているかというと、まずはビューティーディレクターの仕事は大きく分けて「カウンセリング」、「化粧品の販売」、「エステ」、「メークアップ」の四つに分かれると説明しています。しかし、夢授業は一セット一五分という時間ですので、これらすべてについて話すのは難しく、「化粧品の話」と「メークアップ体験」に分けて実施しています。

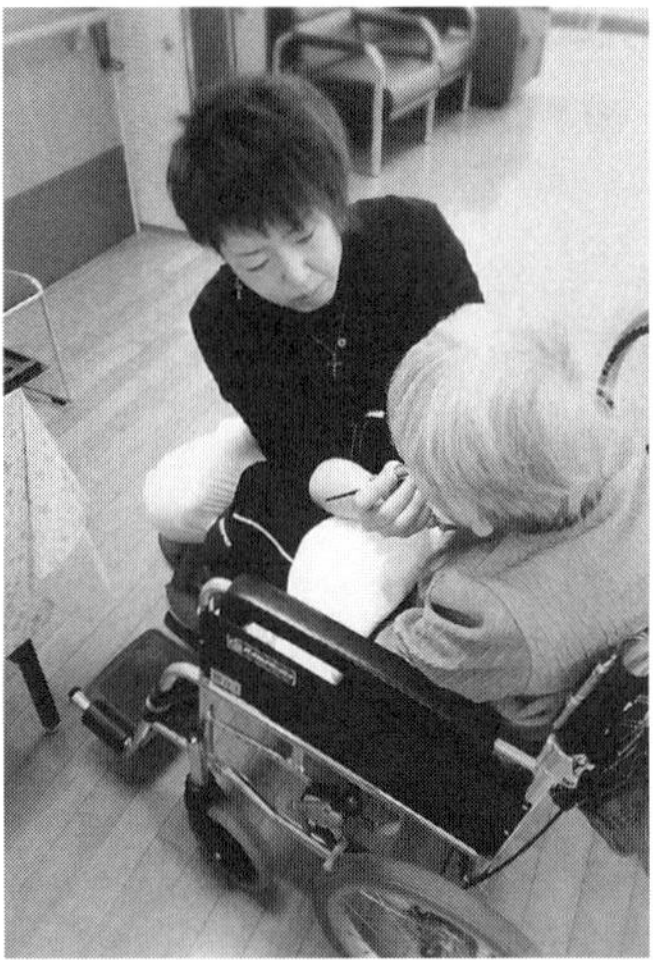
美容ボランティアを行う小林大介さん

興味をもってもらうために、化粧品の話では、「男の子も女の子も、実はお化粧をしている!?」という話をしています。最初に「化粧品といえば何がありますか?」と質問すると、化粧水、ファンデーション、マスカラ、チークなどさまざまな答えが返ってきます。お母さんのお化粧品を見ているのでしょう、子どもたちの情報量の多さに驚きます。

次に「お化粧といえば何をイメージしますか？」と質問をすると、肌色のお粉をぬって口紅つけたり、眉毛を描いたり、目の上に色をつけたりという答えが返ってきます。これを「メークアップ」と言うわけですが、もちろん正解の一つとなります。

最後の質問で、「このなかで歯を磨く人、顔を洗う人、シャンプーをする人、お風呂に入る人はいますか？」と尋ねると、みんな「日常的にやっている」と答えます。「実は、これらもすべてお化粧の仲間なんだよ」と伝えるとみんなビックリします。つまり、男の子も女の子も気付かない間にお化粧をしているということです。

化粧品は日本の「医薬品、医療機器等の品質、有効性及び安全性の確保等に関する法律」（薬機法）で定義されており、難しい言葉も多いため、子どもたちに伝えるときは「メークアップなどで外見を美しくするためだけではなく、清潔にするものが化粧品であり、それを使うことがお化粧です」と分かりやすく伝えています。この説明で「清潔にする＝お化粧」となり、子どもたちも理解してくれます。

誰しも赤ちゃんで生まれてくるわけですが、このとき、必ずお風呂に入れて、体をきれいに洗います。また、人間はいずれ亡くなるわけですが、そのときも身体をきれいに拭き、「死化粧」というメークを行っています。つまり、人間の一生は「お化粧で始まり、お化粧で終わる」ということです。そして、日常生活においてもお化粧は遠い存在ではなく、歯を磨いたり、顔を洗ったりして体験しているということを伝えています。

次に、「女性はなぜメークをするのでしょうか?」という質問をします。そうすると、可愛くなりたいから、きれいになりたいから、若く見せたい、素顔だと恥ずかしいからなどの答えが返ってきます。子どもたちがメークをすることは少ないので、自分のお母さんを想像してもらい、「メークをする前とした後では、お母さんの表情は変わっていますか?」と質問をすると、ニコニコして「とてもきれいに見える」という答えが返ってきます。

その理由について、月に一回行っている老人ホームでの美容ボランティアなどの話をし、メークすることで理想とする姿に変身ができ、それが心にも影響を与え、前向きで美しい人になれると伝えています。また、メークは「魔法のツール」であり、身近にある道具で気持ちをポジティブにすることができるというのは女性ならではの特権ですので、「大人になったときには、ぜひ楽しんでメークをして欲しい」と伝えています。

ここで、ビューティーディレクターの仕事の一つであるメークを体験し、楽しんでもらうために、あらかじめ用意したアイシャドウとチークを塗っているマネキンの登場です。口紅の色を子どもたちに選んでもらい、私が使用している化粧筆で実際に塗ってもらうのです。この口紅の色選びが子どもたちの感性を際立たせ、どの色が似合うのかと話し合う姿はキラキラと輝いており、私のほうも自然と笑みがこぼれてきます。

仕上がったマネキンは口紅一つで華やかになり、印象が変わったことに子どもたちも驚き、改めてメークの素晴らしさや楽しさを実感します。こんな体験を通して、子どもたちにお化粧の楽しさや内面（心）への影響、人から感謝される喜び、そして「人を美しくする仕事は美しい」ということを伝えています。

ビューティーディレクターという仕事は、当然のように「女性がするもの」と思っている子どもが多いです。それだけに、男性である私がお化粧について話をするといつもみんな驚きます。夢授業の最後に、私は仕事について次のように伝えています。

「この仕事は男性だから、この仕事は女性だからと勝手に決めつけるのではなく、本当にやりたいと思う仕事を見つけてください。仕事は、やらされるよりも自分から本当にやりたいと思えることが大事であり、それが仕事に対するモチベーションにもつながり、最終的に幸せにも結び付きます。私の仕事は、化粧品を扱うことから女性の仕事というイメージが強いですし、実際女性がメインで働いています。だけど、私はこの仕事が本当に好きだし、生まれ変わって

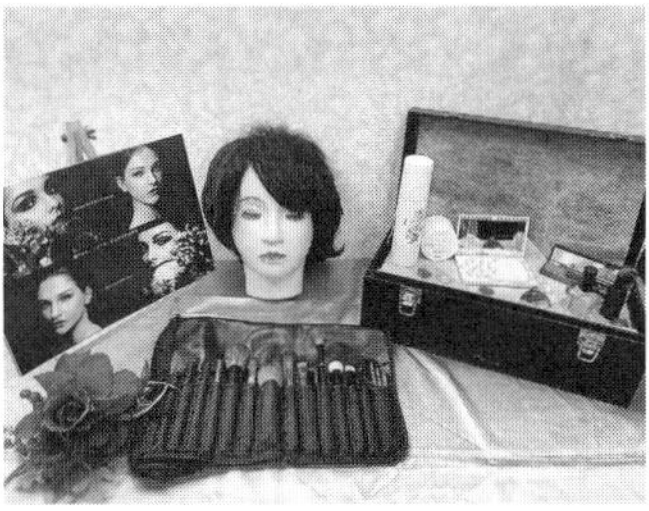
夢授業で使う道具や化粧品

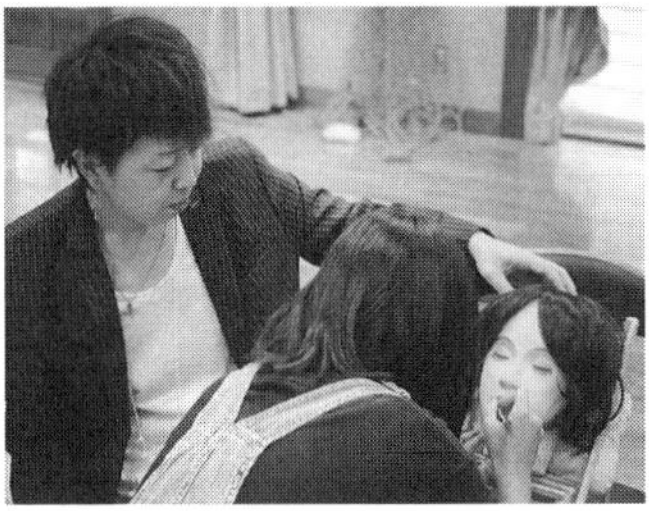
夢授業でのメイクアップ体験

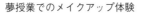

もこの仕事をやりたいと思っています。働いていれば嫌なことや、乗り越えなければならない壁もたくさん出てきます。そのなかで、本当に自分がやりたいと思っている仕事に就いていれば、どんな困難があっても絶対に乗り越えられますし、その都度成長もできます。みんなにはまだまだたくさんの時間があり、いろいろな仕事について調べることもできます。今日の夢授業を通して、これから自分が本当にやりたいと思える仕事を見つけ、夢をもって働いてください」

後日、子どもたちからお礼の手紙が届くのですが、ほとんど「仕事に対する考えが変わった」、「やりたい仕事を見つけ、楽しみながら夢を膨らませたい」など、私の伝えたかったことが子どもたちに響いたことが伝わり、いつも感動しています。このような手紙を毎回見て、とても嬉しく思うと同時に、子どもたちがこれから本当に好きな仕事に就けることを願っています。

夢授業に参加したことで子どもたちから得られたものといえば、改めて自分の仕事について振り返ることができたことです。普段では、なかなかこのように振り返ることができません。子どもたちに話すことで初心に戻

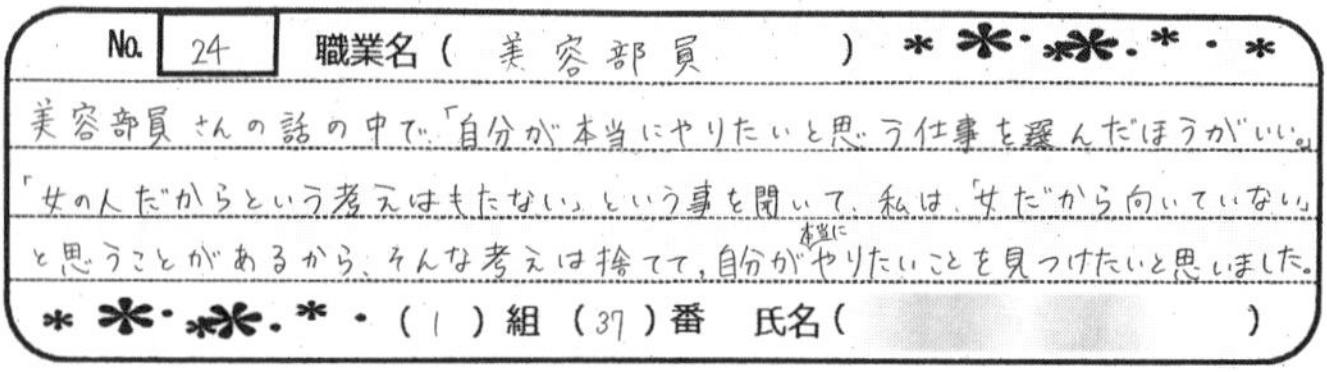
No. 24 職業名（美容部員）

美容部員さんの話の中で「自分が本当にやりたいと思う仕事を選んだほうがいい。」「女の人だからという考えはもたない」という事を聞いて、私は、「女だから向いていない」と思うことがあるから、そんな考えは捨てて、自分が本当にやりたいことを見つけたいと思いました。

（1）組（37）番 氏名（[redacted]）

子どもから届いた手紙

ることができ、お客さまをはじめとして、仲間たちにも視野を広げて接することができるようになりました。その結果、より多くの女性の力になりたいという気持ちから、前述したように、介護施設や障がい者施設などでも美容ボランティアを行うようになりました。

自らの気持ちをリフレッシュさせてもらい、この仕事を楽しく伝えることができるのは、子どもたちの純粋な気持ちと真剣に聞き入る眼差しのおかげです。そのため、この業界を代表するぐらいの気持ちで事前準備を万全に整えて、子どもたちに失礼にならないよう、私も本気で接しています。

夢授業を通して子どもたちがキラキラと輝く大人への一歩を踏み出してくれたら嬉しいですし、これから先、多くの人の話を聞いて、心に響いたことや印象的なこと、そのときに感じた気持ちや感性を大切にしてもらい、本当にやりたいと思える仕事を見つけて、大人になって働き出したら私たちのような各分野のプロフェッショナルとなって、母校をはじめとしてさまざまな学校で次世代の子どもたちに自らの経験を話してくれることを願っています。

このように、次から次へと夢や希望のバトンを渡していくことで「より良い社会」が生まれると信じていますし、これからもさまざまな職業人たちと力を合わせて、子どもたちの未来が明るくなるように「夢や希望の種」をまき続けていきます。

トリマー

（有田彩香《さやか》）

トリマーという仕事、一般的に見ると犬や猫をシャンプーとカットをしてきれいにしたり、可愛くしたり……というイメージがあると思います。もちろん、間違っていませんが、本当の仕事内容は「犬や猫の健康や命を守ること」なんです。

触れ合ったときに肌の調子を見て、シャンプーを選んだり、病院をすすめたりもしています。爪が伸びすぎて肉球にささらないように、爪切りもします。耳に炎症が起きないように耳掃除もします。そして、お尻の横にある穴から分泌物を絞り出す「肛門腺しぼり」という作業もトリマーの大切な仕事なのです。この「肛門腺しぼり」を怠ると、肛門腺が破れてたくさん血が出てきて、最悪の場合は感染症を引き起こして命を失うケースもあります。

トリマーの仕事内容はだいたいこんな感じですが、ではトリマーになるためにはどうすればよいのかについて簡単に説明します。

ほとんどのトリマーが専門学校に進んで専門的知識を習得して、トリマーライセンスを取ってプロの道に進みます。しかし、トリマーは民間資格なので、ライセンスがなくてもなれます。私はというと、フリーで仕事をしています。簡単に言うと、会社に所属せず、自分の足でお客さまの自宅に赴き、「出張」という名のもとでトリミング（シャンプー、カット、爪切りなど）をしています。

　フリートリマーという仕事をするようになったのは、社員として勤めていたとき、「これでいいのか？」、「トリマーの資格とともに習得した看護師・訓練士の知識をもっと活用できないのか？」といった疑問を抱いたからです。そんなことを考えているうちに、健康な犬や猫が通える店はたくさんあるのに、病気にかかっていたり、お客さまが年を取っているために出掛けることができない状態で飼われている犬や猫がたくさんおり、そんな子が通えるお店が極端に少ないことに気付きました。

　お客さまの悩みや相談を聞き、解決策を一緒に考えることも私の仕事です。たくさんの笑顔と「ありがとう」をもらえるこの仕事、私は大好きですし誇りをもっています。おかげさまで多くの人から仕事の依頼を受け、結構忙しくしているので、ちょっと世間のことに疎《うと》くなっているというのが欠点かもしれません。そんな私が夢授業のことを知ったのは、「旬感北九州」

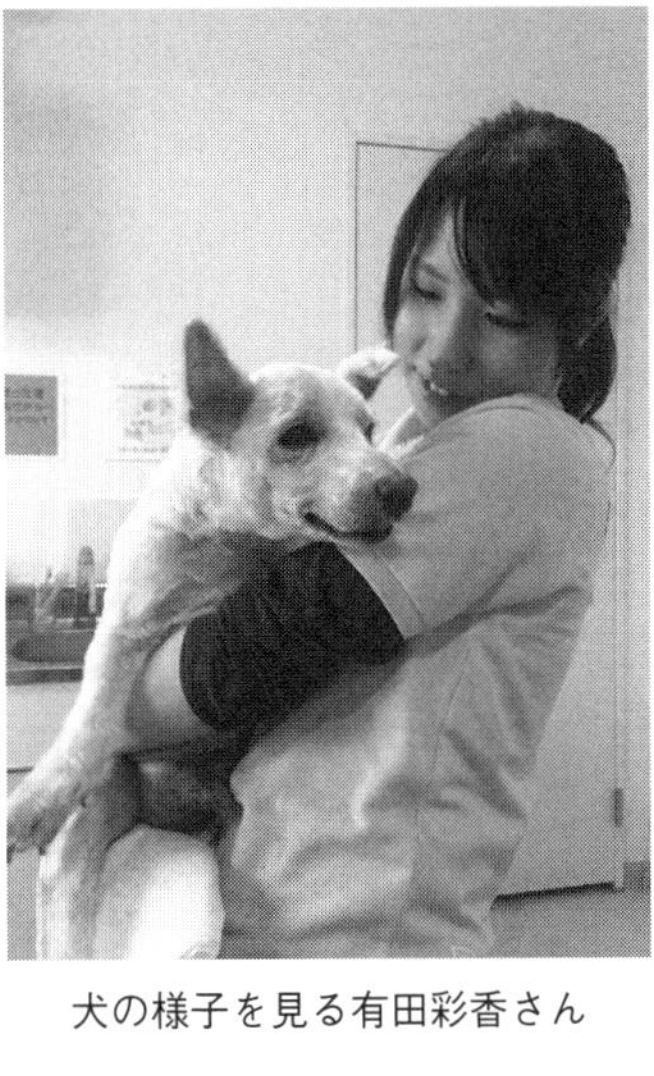
犬の様子を見る有田彩香さん

というテレビ番組でした。

画面には、たくさんの子どもたちの笑顔、そしてそれに負けないぐらいの大人たちの笑顔が写っていました。映し出されている空間がキラキラと輝いていたのです。その映像に魅了された私は、フェイスブックを開き、夢授業を行っている「北九州キャリア教育研究会」のページに飛び、思わず「素敵ですね」とコメントをしてしまいました。もちろん、その日のことを鮮明に覚えています。私のコメントを見た木原会長からすぐにレスポンスがあり、「来てみないか?」と誘っていただき、私にとっての夢授業がはじまることになりました。

初めて参加したときは緊張と不安でいっぱいで、「何を話せばいいのか……」と思っていましたが、いざはじまると子どもたちの笑顔とたくさんの質問をもらうなど楽しい時間に包まれ、あっという間に過ぎてしまいました。

夢授業に参加してから、私自身がとても変わりました。自分の仕事がこれまで以上に好きになったのです。子どもたちから元気と活力をもらったせいでしょうか、毎日がとても忙しいのに心に余裕が生まれるようにもなりました。「これが充実している!」ということなのだと実感した次第です。大人たちが子どもたちに夢を教える場、それが夢授業なのでしょうが、実は大人たちも子どもたちに教えてもらっているのです。というのも、後日届く子どもたちからの感想は私のお守りとなっており、自分が挫けそうなときに読み返しています。

さて、私が夢授業でどんな話をしているかというと、冒頭で紹介したようなトリマーとしての仕事の内容からはじめています。そして、シャンプーの匂いをかいでもらったり、実際にハサミを持ってもらったりもしています。時には本物の犬を連れていって、触れ合いの時間を設けることもあります。体験をしている子どもたちの表情はというと、とても楽しそうで、こちらのほうまで嬉しくなってきます。

一番気を付けていることは「会話をする」ことです。自分ばかりが話してしまうと、子どもたちが本当に聞きたいことが聞けないのではないかと思っていますので、このことを一番意識しています。

そして最後に、「今しかできないことを全力でやってください」と伝えています。学校で勉強すること、仲のよい友だちと遊ぶこと、お母さんやお父さん、そしてお祖母ちゃんやお祖父ちゃん、大切で大好きな人に感謝を伝えること、といったことについても話しています。人間、いつどうなるか分かりません。今、傍に人がいることや存在している周りの環境は決して当たり前ではないのです。

最後に、印象に残ったある女の子との出会いについてお話しします。

この子は、小さいころから動物が大好きで、「トリマーになりたい

会話を重視する有田さん

と思っている」と言ってくれました。でも、犬アレルギーだということで、犬に触ってしまうと全身真っ赤になり、顔まで腫れてしまうそうです。このとき、（私にすごく似ているなー）と思いました。実は、私自身も動物アレルギーで、小さいころは病院に行かなければならないときもあったのです。病院の先生や周りからもトリマーになることを止められましたが、やはり諦めることができず、食事療法や治療を頑張った結果、今の私があるのです。

この女の子に私の経験を話し、「絶対大丈夫、なれるよ、なんて言えない。もしかしたら無理かもしれない。でも、まだ諦めなくてもいいと思うよ」と伝えると、すごく笑顔になったのです。夢授業のあとも、先生に「嬉しかった」と言ってくれたようですし、後日受け取った感想文には、「ありがとう」の気持ちがいっぱい詰まっていました。

この女の子との出会いのおかげで私は、過去の苦しい経験が誰かを救うことになるのだということを知りました。このような夢授業での経験は、私のなかで本当に大きな位置を占めています。私も「ありがとう」でいっぱいなのです。

アートパフォーマー

（カラリズム・リサ　Colorhythm Risa）

アートパフォーマー、何それ？　職業なの？　と思う人もいるでしょう。簡単に説明すると、絵を描く過程をお客さんに楽しんでいただく「エンターテイメント業」となります。ステージ上に横三メートル、縦一・五メートルのキャンパスを立てて、短時間で絵を描き上げていきます。ダンスの要素も取り入れて、ショーとして構成し、観る人を飽きさせない工夫をしています。自分の思いを絵にすることもありますが、誰かの思いを形にすることが多いです。事前にその方の思いを聞いておき、それをもとにして音楽の選択、構成、絵のデザインや衣装などを考えます。言葉よりもさらに強いメッセージや印象を伝えるという効果があります。

このような職業、誰かに教えてもらったわけではありません。元々、絵とダンスを別々に習っていたのですが（今も勉強中です）、この二つを組み合わせたら面白いのではないかと考えて、少しずつ現在のパフォーマンスの形にしていきました。もちろん、最初からお金が稼げたわけではありません。少しずつ、少しずつ、自分の演技技術と価値を上げていき、「職業」として成立させました。珍しい職業だからこその苦労もありますが、誇りをもってこの仕事をしています。自分のやりたいことでお客さんに笑顔になってもらうことは、本当に幸せなことだと思います。

こんな私が、なぜ夢授業にかかわっているのかについて説明をします。私は、福岡教育大学の美術学部を卒業しています。両親がともに教員だったこともあって、私自身も中学校の美術講師として三年半働きました。教員を辞めてからアートパフォーマーとして活動しているわけですが、パフォーマーになってからも教育に対する思いを忘れたことはありません。なぜなら、現在の活動の原動力は、この教員経験から来ているからです。そして、いつかは自分の活動を教育という空間に還元したいと考えていました。そんなある日、木原会長から誘っていただき、夢授業に参加することになったのです。

では、なぜ教員経験が私の原動力になっているのでしょうか。教員という職業はやりがいのあるもので、生徒の成長を間近で実感できるという素晴らしい職業です。人の成長を見るのは、本当に感動的なものです。事実、入学式の行進を見るだけでもぐっときてしまいます。

しかし、自分自身の経験や思いが顕著に出るという厳しい仕事だなとも感じました。とくに中学生ともなると、子どもたちはどんな大人でも見透かしてやろうという気持ちで接してきます。それゆえ、嘘の発言や背伸びをした発言では子どもたちに響くことがありません。本当に説得力のある教員のみが、子どもたちを導くことができるのだと感じました。

パフォーマンスを実演するカラリズム・リサさん

とくに大きな苦労をすることもなく大学を卒業し、こんなにも奥深い職業に就いてしまった私、いかに自分が薄っぺらで、うわべだけの人間であったかと気付くきっかけになりました。そんな自分に我慢することができず、三年半で辞めることにしたのです。もちろん、同じように大学を卒業して教員になり、そのまま務め上げるという素晴らしい教員もたくさんいることをお断りしておきます。

もう、こんな思いはしたくない、もっと堂々と発言したり、表現できる人間になりたいと、退職後に強く思いました。そんな思いが理由なのでしょう、自分の力で道を切り開いていくパフォーマーという職業に進むことにしました。正直に言えば、パフォーマーになりたくてなったというより、気付けばパフォーマーになっていたという感じでもありますが。

現在では、福岡だけでなく関東や関西、アメリカやイギリスなどでも活動をしています。いろいろなところからオファーをいただき、充実した経験をたくさんさせていただいています。そして、ステージを積み重ねたことでいろいろと語れるようになってきましたが、夢授業に参加して、子どもたちと接することで初心にかえることができています。そのたびに、「もっと成長したい」と感じています。

職業人のみなさんが口を揃えて言っていますが、夢授業は子どもに教えるというより、大人自身が学ぶことが本当に多いのです。夢授業に参加するからこそ、今後の仕事に対するモチベーションが上がっているように思います。それだけに、この場にかかわれることをとてもありがたく思っています。

では、私は夢授業でどんな話を子どもにしているのでしょうか。第一に、「職業は生み出せる」という考え方をベースにして話をしています。前述したように、私自身、教員を辞めたあとに「アート」と「ダンス」を融合させた職業をつくっています。さまざまな職業がものすごいスピードで消えては生まれている現代、今ある職業だけにとらわれていてはもったいないです。「職業をつくる」という発想をもつことが、今後さらに求められていくと考えています。

その職業を生み出すときに必要となるのが「創造力」と「コミュニケーション力」です。「創造力」は新しいものを生み出すときに必要となる力ですが、私は「コミュニケーション力」のほうが重要ではないかと思っています。職業が生まれるのは、人が何かを必要としたときです。需要がなければ職業は生まれません。人がどんな職業を欲しているのか、何をすれば喜ばれるのか、「コミュニケーション力」を使ってさまざまに想像することが新しい職業をつくる一番の近道だと言えます。

私がパフォーマンスを初めたときは、干支などの季節ものだったり、海のイベントのときはイルカを描いたりと、単純な内容ばかりでした。それでも需要はあったのですが、正直に言うと、あまり次につながらない仕事が多かったように思います。しかし、そんななかでも依頼者の話をしっかりと聞き、コミュニケーションを取るように努力をしてきました。どうすればパフォーマンスでもっと喜んでくれるのか、感動してくれるのか、そんなことをずっと模索してきました。

　こんな私の気持ちが通じたのか、最近は会社の企業理念であったり、ミュージシャンの曲に対する思いを絵にしたりなど、「人ありき」という深いテーマを絵にさせていただく機会が増えました。相手の話を聞き出し、しっかりとコミュニケーションを取ってそれを絵にしていくのです。「人」というテーマは感動がとても大きいものです。その感動の度合いが大きいほど、次の仕事にもつながりやすいようです。コミュニケーションからヒントをもらい、新しい職業を生み出したり、その内容を改善していくという姿勢、コミュニケーションを大事にしてきたからこそ気付けたことだと感じています。

　このようなことを夢授業で話しているのですが、「人が幸せになるため」に職業をつくるということについても話しています。

　ご存じのように、現在はＡＩが人間の仕事をしてくれるという便利な時代です。そこで、生徒たちに「じゃあ、人間は何をするべきなんだろう?」と問い掛けています。すると、ほとんどの子どもが首をかしげます。

「人は幸せになるしかない」と、私は言葉を重ねます。それでも、

職業は生み出せると語るリサさん

みんなポカンとしています。「幸せになる」という概念が、現代の子どもには薄いような気がします。いや、現代の子どもにかぎらず、私もそうですが、「幸せになってよいのだろうか」とか「苦労や努力をしないといけないのではないだろうか」という考えが頭をよぎるのです。

本当の意味で「幸せになる」というのは、難しいことなのかもしれません。どんなに便利な時代になっても、人間にとっては「永遠のテーマ」になるのではないでしょうか。だからこそ、このテーマと向きあえる子どもが増えて欲しいのです。人を幸せにする職業がもっと増えて欲しい、と思っています。

夢授業は、本当にたくさんのプラス効果を私に与えてくれます。前述したとおり、教員時代に感じた初心を思い出すことで仕事に対するモチベーションが高まります。そして、何よりも「伝える」という楽しさと奥深さに改めて気付かされます。教壇があるわけでなく、少人数の子どもたちと一緒に座って、同じ目の高さで話すのです。何物にも代えがたいこんな素晴らしい環境、そう簡単に味わうことができません。

インターネットが普及し、「年齢＝知識の量」とはかぎらなくなり、優秀で面白い子どもたちが現代にはたくさんいます。そんな子どもたちを前にして、一方的に話すのではなく、相手を見て効果的に「伝える」という練習になります。同じ内容でも、話すスピードや切り口を変えることで子どもたちは話を聞いてくれますし、質問するタイミングや距離感なども考えることになります。このような経験が仕事で生かされ、そのことをまた夢授業で話すという繰り返し、とてもよい循環だと思います。

独立行政法人「労働政策研究・研修機構」の調査によると、現在、日本にある職種の数は約一万七〇〇〇種類以上だということです。全国に夢授業が普及すれば、これらの仕事の内容が子どもたちに詳しく伝わり、将来、働くことを楽しみにする子どもが増えていくのではないでしょうか。そうなることを願って、これからもアートパフォーマーと夢授業を続けていきます。

詩人・アーティスト

詩太《うーた》（本名：木村真悟）

まずは、ぼくと木原会長との出会いについてお話しします。今から一〇年前、ぼくが結婚するときにお世話になったブライダルプランナーに紹介されて、木原会長にライフプランを立ててもらったのがきっかけです。ぼくが保育士をやめて詩人になることに、背中を押して下さった一人が木原会長、と言っても過言ではありません。

ぼく、詩太は一九八七年生まれで、二〇〇八～二〇一四年まで保育士（副業として詩人）として働いていました。そして現在、詩人（詩を書き、それを発表する者。また、そのことを職業にしている者）として活動を行っています。ぼくが夢授業で子どもたちに話していることは、詩人になったわけや生きがいについてです。また、子どもたちに伝えたいことは、素敵な大人に出会って欲しいということです。そして、その一人としてぼくもなりたい、なれたらいい、ということです。

ぼくは常々、自分にできることで人を喜ばせたいと考えています。しかし、中学生のころまでぼくは無気力で、自分のことが嫌い、すべてに自信なし、極度のあがり症という状態でした。「人に貢献できているという実感がなかった」こんなぼくが、詩人になった理由を話しましょう。

学生のころ、居酒屋さんでバイトをしていました。そのとき、居酒屋のオーナーから、「筆ペンでお品書きを書くように」と言われました。書き上げたあと、オーナーに「うまい！」と褒められたことがきっかけとなって筆ペンにはまりました。

授業中、ノートをとるときにも筆ペンを使うようになりました。そのほか、筆ペンで葉書にメッセージを書き、仲のよい友だちにプレゼントするようにもなりました。なかには、涙を流しながら喜んでくれた友だちもいました。そのとき初めて、こんな何ももってない自分だって人を喜ばせることができるんだ、という実感を味わったわけです。

保育園で保育士として働きはじめたからも、詩人としての活動を続けていました。書いて書いて人を喜ばせ続ける日々――人に貢献できているという実感が自分に自信を与えてくれたのです。

現在は詩人として言葉を紡ぐ仕事をしていますが、保育園での子どもたちとの出会いが、ぼくの詩人としての土台になっています。このときのエピソードも、夢授業で出会った子どもたちに伝えるようにしています。

エピソード1――言葉の温度

三歳児クラスのAちゃんは先天性難聴です。聴力は、補聴器を付けてかすかに聴き取れる程度です。Aちゃんと話をするときには、顔をのぞき込むように視線を合わせて、口を大きく開けてゆっくり話し掛けなくてはなりません。

個人懇談のある日、クラスメイトのB君のお母さんからこんな話を聞きました。

B君のお母さんが、「Aちゃんて耳が悪いと－？」とB君に尋ねると、B君が「Aちゃんは耳が悪いんやない！　聴こえにくいだけ！　お母さん意地悪言わんで!!」と怒ったそうです。「耳が悪い」と「耳が聞こえにくい」では言葉の温かさが違います。人に対して思いやりを込めて言葉を選べば、言葉の温度が変わることを子どもに教えられたエピソードの一つです。

エピソード2――人の強さと応援の仕方を教えてくれた女の子

Cちゃんは、生まれつき片方の腕が半分くらいしかありません。でも、とっても明るくていつも笑顔です。お母さんがCちゃんを迎えに行ったとき、クラスの男の子から「何で、手がないと？

かわいそう……」と言われました。するとお母さんは、その男の子に次のように伝えました。

「あのね、○君。Cちゃんの手は、ないんじゃないのよ。これが生まれたときからCちゃんの手なの。この手でなんだってできるの。だからね、かわいそうなんて思わなくていいのよ。ありがとうね」

このエピソードをもとに、「片羽の蝶々」というアゲハ蝶の親子の作品をつくっています。個展で展示した「片羽の蝶々」を見た子どもが感想ノートに残したメッセージは、「わたしは、強く生きる」でした。

エピソード3――言葉が残す一生の傷と一生の支え

京都で個展を行ったときに出会った、一人の大工さんの過去のお話です。「言葉の温度」という保育士時代のエピソードを綴った作品を見て、この大工さんが次のように言いました。

片羽の蝶々

「保育園でいい経験をしてきたんやね。大人は、自分の考えで決めつけて子どもに話す人もいるからね。私も、小学生のころに先生から言われた言葉が今でもずっと忘れられない、トラウマですわ」

その言葉とは、次のようなものでした。

「あんたは勉強できん子やから、授業受けんでいいよ」

この一言が、少年の心を深く傷つけたわけです。でも、ある日、ほかの先生から言われた一言が少年を救いました。

「あんたは運動神経がいいねぇ」

先生が自分のことを認めてくれた。その一言だけが救いで、今まで生きてこられた。大工として、四五年間頑張ってこられたのもその一言があったから、と大工さんは言っていました。

実は、この話にはまだ続きがあるのです。小学生のときのある日、担任の先生が家に訪ねてきて、母親にこう言ったそうです。

「あなたの息子さんは勉強ができないから、特別支援学級に入れたほうがいい」

すると母親は、「あの子は、お腹がすいたらちゃんと家に帰ってきます。挨拶もちゃんとできます。特別な子ではありません。大丈夫です！」と返答したそうです。

子どもにかかわるすべての大人は、「言葉のもつ力」と「伝える責任」を自覚して子どもとかかわらないといけません。このことは、夢授業にかかわる職業人も同様です。心に「一生の傷」を残す言葉もあれば、心に「一生の支え」となる言葉があります。ぼくが夢授業において職業人として子どもたちにかかわるとき、「心の支え」となるような言葉を選んで話していければといつも思っています。

「エピソード3」のまとめとして、ぼくがつくった詩を紹介します。

その言葉の中に心はありますか
その心の中に愛はありますか
その愛の中に覚悟はありますか
そして、伝えたその後を
想像していますか

パフォーマンスをする詩太さん

ぼくは、夢授業を通してたくさんの子どもたちに出会いました。ぼくの話を真剣なまなざしで聞いてくれる子どもたちが、将来、自分の夢を職業として実現させてくれることはもちろんですが、「言葉を大切にする人」としても成長して欲しいと願っています。そして何よりも、ぼく自身が「言葉を紡ぐ人」として絶えず自分を振り返っていきたいと思っています。

（米田昌生《まさお》）

アウトドア・インストラクター

「アウトドア・インストラクター」と名乗って仕事をしています。これまで、日本全国を転々としながら、アウトドア一筋でさまざまなアクティビティーに携わってきました。例を挙げるなら、日本最高峰である富士山での登山ガイド、日本一の激流吉野川（高知県・徳島県）でのラフティングガイドなど、特異な自然環境を選択し、技術、知識、そして経験を積み重ねてきました。

日常的な仕事としては、ホームページやＳＮＳを通して個人や地方自治体から「家庭教育学級のプログラム」や「ガイド業務委託」などの依頼を受けています。体験内容によって異なりますが、個人体験の場合は二〇〇〇円から、プログラムの講師料の場合は二万円（一日）、そしてガイド業務委託の場合は一万二〇〇〇円（別途、交通費など諸経費）からとなっていますが、多くの場合、委託先の規定に基づいて費用を決めています。

アウトドアといえば、「趣味を仕事にしていいなー」とか「毎日、キャンプなどをして遊んでいるのかー」と思われるかもしれませんが、「仕事」となると遊び領域の知識だけでは務まりません。自然環境に関する知識（動植物、天気、地質、星、火山など）や安全に関する知識（応急手当、搬送方法など）、そして、言うまでもなくアウトドア技術に関する知識（ロープワーク、キャンプ、山、川の原理原則など）といったものが要求されます。

これらの知識、とても学校の理科の授業だけでは身に付きません。さまざまなジャンルの本を読んだり、自然環境のもとで自ら体験してこそ初めて習得できるというものです。何と言ってもお客さんの安全を一番に考えないといけない仕事ですから、「半端な知識」では務まりません。

実は、これらの知識以上に必要なものがあります。私が行っている仕事は接客業でもありますので、お客さん（参加者）が求めている内容を提供しなければならないということです。自分のもっている知識をひけらかすのではなく、最適とされるタイミングで必要な情報を提供することが重要となります。つまり、一番大切なのはコミュニケーション力となります。表情、声、態度などから、その人に合う声掛けをして情報を収集していくのです。何を求めているのか、何を楽しみにしているのか、何を期待しているのか、どこから来たのか、アウトドアを普段から体験しているのかについて、聞く力や話す力、そして距離感の詰め方といった能力を駆使して対応しています。

このように学ぶべきことが多岐にわたりますので、「これで終わり」ということはありません。私自身、もちろん発展途上と思っていますが、今まで学んだことをもとにして、「僕にしかできない」ことや「僕だからできる」ことにこだわった自然体験を提供するため、生まれ故郷である北九州市に戻って独立・開業しました。こだわりに関して付け加えるならば、「何をするか」ではなく「誰とするか」という点にも重点を置いています。

ちなみに、取得資格としては、（公社）日本山岳ガイド協会（ＪＭＧＡ）登山ガイド、（一社）ラフティング協会（ＲＡＪ）シニアガイド・検定官、全国体験活動指導者認定委員会（ＮＥＡＬ）自然体験活動指導者、そしてプロジェクト・ワイルド・エデュケーターなどがあります。目的としていることは、子どもたちに生きていく力を身に付けてもらうことです。さまざまなアウトドア・アクティビティーを活用し、プロとして、山と川を中心にアウトドア体験を提供するというのが私の仕事です。

夢授業に参加したきっかけは、大学の後輩に誘われたからです。独立して、開業するために生まれ故郷に帰ること

イベントで牛に乗る米田昌生さん

を決め、これからする仕事についてSNSにアップしたら、その投稿を見た後輩が、「珍しい職種だし、子どもたちに話をして欲しい」と言ってきたのです。私にできることなら協力させてもらおうと思い、参加することにしました。

実際の夢授業では、「今日の夢授業をきっかけとして、他人事のように考えるのではなく、自分の人生を、自分の責任で幸せと感じれるように自分で準備、努力してください。誰かが幸せにしてくれるわけではありません」といったことを伝えています。話の進め方としては、テントやボート、動画などを活用して、視覚的にも子どもたちが理解できるように配慮し、職種についてざっくりと要約して説明をしています。子どもたちが仕事の概要を理解できたかどうか確認し、そのあとに、子どもからの質問に答えていきます。

すべての質問に答えたら、「おじさんからも質問していい？」と聞き、「将来なりたい職種や夢はありますか？」と尋ねています。「ない」と答えた子どもたちには、「ぼくは小さなころから外で遊ぶことが大好きで、どうせ働くなら好きなことを仕事にしようと思って、この仕事に就いた」と伝えています。また、「実際、こんな仕事があることも知らなかったのですが、探してみたらあったので、みんなもやりたいことや目指すものがなくても好きなことがあると思うので、好きなことを仕事にしたらどうですか」とも話しています。

一方、「ある」と答えた子どもたちには、「是非、本気で思い続けてください」と伝えています。

「ただ何となく、『なれたらいいなー』とか『なりたいなー』ではその夢は叶わないと思う。本気で思うことがポイントで、本気で思っているなら、なるためにはどうしたらいいかを調べるし、なるために努力をするとぼくは経験上知っているよ」と伝えています。

　夢授業の最後に感想シェア会があるのですが、すべての生徒の前で、「将来はアウトドア・インストラクターになります」と発表してくれた子どもがいました。ものすごく嬉しい反面、北九州市でプロとしてアウトドアに携わっている人がいないという現状があるので、責任を強く感じてしまいました。もっと自分自身を高め、一人前に食べていけるようにしてあげることが先を進む私の役目です。新たな課題が出てきて、もっと頑張ろうと強く思った瞬間です。

　このように、夢授業では毎回学びがあります。一番思うのは、初心にかえるというか、この職種に就いたきっかけや、大切にしていること、そして大人として常に輝いていないといけないということを、子どもたちの質問やキラキラした目から感じます。私の話を聞いてもらっても何の役にも立たないかもしれませんが、自由な大人がいたなぁー、そんな生き方もあるんだなぁーと、将来の選択肢の一つになってくれたら嬉しいです。

ボートを使って夢授業をする米田さん

ユニフォーム販売

（小川真司）

弊社は創業一五六年（二〇一九年現在）となる老舗企業で、直系でバトンをつなぎ、私で六代目となります。創業者である小川又七は、「伊藤忠財閥」を形成した初代伊藤忠兵衛（一八四二～一九〇三）の手代（売り子）から独立し、一八六三年、江戸時代末期に滋賀県で「小川商店」の屋号で商いをはじめて、蚊帳《かや》などの日用品を販売していたと先代から聞いています。

二代目の小川又一郎が二〇歳のときに家業を継承し、現在の小倉北区（旧小倉市）に定住したあと、主に呉服の商いをしておりました。私の祖父にあたる三代目の小川又雄が一九五二年に法人化し、「小川又株式会社」へと屋号を変更し、呉服のほか寝具、毛皮、宝石などの卸問屋として商いを成長させてきました。

しかし、私の父である四代目小川周一郎の時代に入り、消費・流通の変化に伴って苦境に立たされ、二〇〇二年に主力商品であった呉服・宝石・毛皮から完全撤退し、その二年後の二〇〇四年に「白衣製造販売会社」を買収して、ユニフォームという新規事業に乗り出したわけです。

二〇一〇年に私の兄である五代目小川又三郎が代表取締役に就任し、時代にマッチした経営に着手したことでユニフォーム事業を成長させてきましたが、二〇一四年、その五代目がまさかの急逝となり、六代目として私が代表取締役社長に就任して現在に至ります。今までは、長男が会社を継いで当たり前という環境のなかで育ってきたので、次男である私は家業に入ることすら考えていなかったのですが、突然の兄の死によって、自分が何とかしなければと思って会社を継いでいます。

当社のような老舗企業であっても、今の時代、自分の息子にはそんな狭い視野で物事をとらえて欲しくないという思いがあります。とはいえ、私自身が小さなころに「さまざまな職業がある」ということを意識したことはありません。それだけに、これから育っていく子どもたちには、早い段階から視野を広げる意味で、この夢授業はとても有意義なものだと思いました。私の息子がいつか会社を継ぐことになったとき、広い視野のもとで自社を捉えることができる人間になって欲しいし、世の中の子どもたちも幅広い選択肢があったほうが「輝く道」をきっと見つけやすくなると思っていますので、夢授業の実施には共感しています。

やはり、子どもがいる家庭の親であれば、少

ユニフォーム展示会での小川真司さん

なからず自分たちが生きている時代よりも子どもたちの未来がもっとよくなって欲しいと願っているでしょうし、そのための環境づくりをしていくことが親世代の務めであると思います。とはいえ、私も会社経営の傍らで夢授業にかかわっていますので限界はありますが、「子どもたちの未来のために」と思えば頑張れます。それに、夢授業にかかわることで勉強にもなりますし、現状を知ることができるうえに豊かな心も育まれていくと思っています。

たまたま自宅近くの公園まで犬の散歩に行ったときのことです。以前、夢授業に参加していた子どもたちが数名で遊んでいて、「あ！　夢授業に来てた人だ！」と声を掛けてくれました。ベンチに座って犬を可愛がってくれたり、少し話をすることもできました。地元の学校で夢授業を行うことの意義を感じた瞬間です。

夢授業に参加している大人は、子どもたちからすると安心して接することができる大人となります。少しでも多くの学校が夢授業を実施して、そこに地元の大人（職業人）が参加することによって、より安心感のある地域づくりが可能になるように思います。「地域で子どもたちを育てる」といったことがよく叫ばれていますが、まさにそれを実践することができるのではないでしょうか。

私が経営者として夢授業に参加しているときは、次のように話しています。

「経営者がいるから会社があり、会社があるからそこで働く人たちのお給料が生まれ、会社の利益の一部を税金として国に納めて、その税金を使って日本という国が支えられているんだよ。だから、みんなのなかから一人でも多くの人が将来経営者となって、お店や会社をつくってくれると嬉しいな」

もちろん、経営者になるメリットやデメリットも伝えていますが、何人かの子どもが、「今まで自分が経営者になるなんて考えたこともなかったけど、やってみたいと思いました！」と言ってくれたことを覚えています。そして、驚いたこともあります。私の会社はユニフォームの製造・販売を行っているのですが、事前にこの職業について調べてきた子どもがおり、専門用語を用いて質問されたことがありました。

いずれにせよ、このようなきっかけは些細なことかもしれませんが、小さいころに耳にした「心に刺さった大人の言葉」というのは、いつまでも刺さったままとなり、抜けることなく、刻まれたままになるということは私自身の経験からも言えます。夢授業を通して、私の話す内容がのちのちまで記憶として心に残ってくれればいいなあーと思っています。

夢授業がはじまる前、職業人の前で整列しているときの子どもたちからは、やはり多少の緊張感と不安感が伝わってきます。しかし、終了後に整列したときの表情はまったく違ったものとなります。普段聞けない話や、普段かかわれない大人と話せることは、子どもたちにとっては大きな刺激になっているのでしょう。それを物語るような、とても明るい表情になっています。

後日、先生の話を聞くと、自然と子どもたち同士で夢授業で聞いた話をシェアしあったりしているとのことのようです。きっと、私たちの知らないところで、「俺は将来○○の仕事するんだ」とか「私は将来○○をしたいと思った」と言って、未来を見据えている子どもたちがいるのだろうと想像しています。子どもらしい未来の話、それこそが社会の活力につながるのではないでしょうか。

私が夢授業にかかわるなかで感じたことの一つに、夢授業を受けた子どもたちは、自分の親の仕事について改めて考えたり、知ったりする機会になるのではないか、ということがあります。さまざまな職業のユニフォームを販売していることもあって、いろんな業種のお客さまが会社に来ます。そのことを子どもたちに伝えると、「私のお母さんも看護師さん」とか「僕のお父さんは大工」というように親の仕事について話してくれるのです。そのとき、「みんなのお父さんやお母さんが働いてくれているから学校にも来れて、ご飯も食べられて、当たり前の生活を送れているんだよ。今日、家に帰ったら、お父さんやお母さんに『いつもありがとう!』と言うのもいいかもね」と伝えるようにしています。

何といっても感動するのが、後日送られてくる子どもたちからの手紙です。

「私は将来、小川又株式会社で働きたいです」と書いてくれた子どもがいて、とても嬉しかったことを覚えています。一〇〇年以上老舗といっても、やはり中小企業です。なかなか人材募集の広告を出すことはできません。夢授業に参加することで、「逆インターシップ」を行っていることになるかもしれません。

重要なことは、会社のポリシーを伝えることです。それを踏まえて入社してくれれば、「イメージした仕事と違う」といったような理由で早々に辞める人も少なくなります。夢授業は、単なる職業紹介だけではなく、このような哲学的なことを伝える場になっているようにも感じます。

そういえば、「社会に出ると、どんな仕事をしてもコミュニケーション力が大切です」と話したとき、後日送られてきた感想で、「今のうちから友達を大切にして、積極的に話すことを心掛けたい」とか『苦手な人のよいところを探してみる」といったことを書いてくれた子どもがいました。大人の論理からすれば当たり前とされることですが、現在の若者を見ていると、必ずしもそうとは言えません。社会の構成員として必要なことは、可能なかぎり早く伝えたほうがよいようです。

よく届く感想として、「知らない仕事が世の中にはた

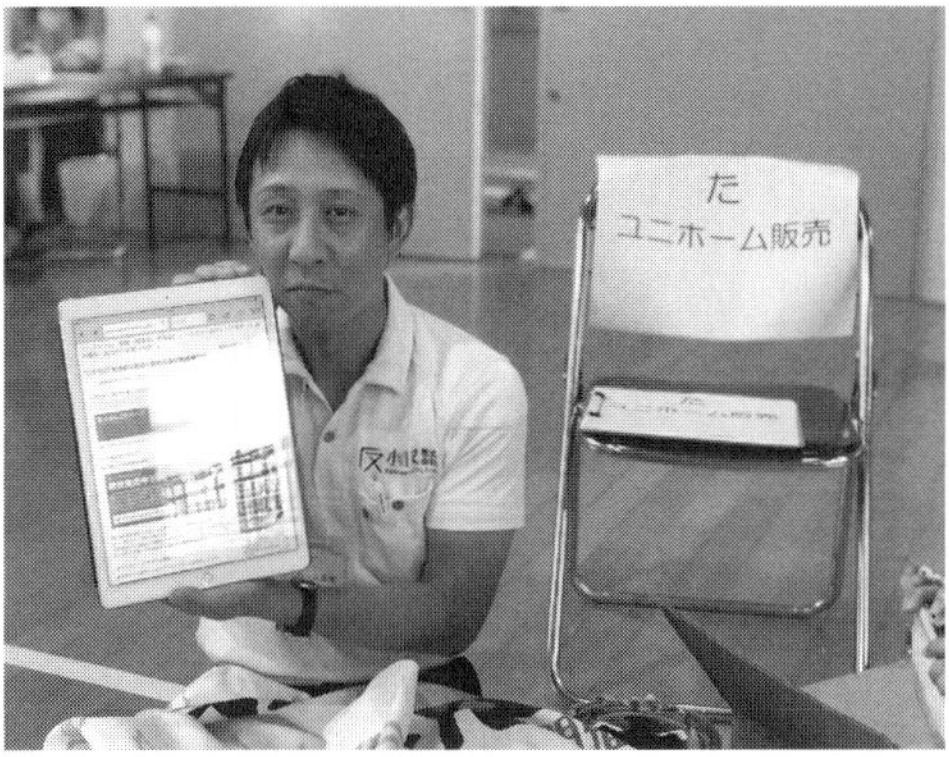

コミュニケーションの大切さを伝える小川さん

くさんあるんだということが分かりました」というものがあります。そのことを知ってもらえるだけでも夢授業の意味がありますし、「自分から情報を取りに行く」というきっかけになるかもしれません。大人もそうですが、知っている職業は大して多くないものです。

最後に、夢授業をする際、必ず最初に尋ねる質問を紹介しておきましょう。それは、「みんなは将来やりたいこと決まってる?」というものです。

個人的な体感で話すと、「決まっている」と答える子どものほうが多くてビックリしていますが、「決まっていない」と答える子どもには、「ぼくも、みんなと同じころは何もやりたいことが見つけられなかった」と伝えて、「心配することはないし、どんなことでも目の前のことを一所懸命にしていたら、自分には何が向いているのか、どんなことが得意なのかが見えてくるから、それから考えても遅くないよ」と伝えています。

これについても、後日送られてきた手紙で、「いつか自分のやりたいことを見つけられるように、目の前のことを一所懸命やろうと思いました」と書いてきた子どもが数名いました。どうやら、私が思っているよりも子どもたちは大人のようです。夢授業に参加するたびにこのような子どもたちに出会うので、何となく日本の未来は明るいように感じてしまいます。子どもたちの「気概」、決して侮ることはできません。

居酒屋経営

（酒井洋輔）

「ぼく、もう一度酒井さんの話が聞きたいので、先生に聞いてきます！」

夢授業に参加させていただくようになってからまだ二年ぐらいですが、このように言われたのは、後にも先にもこのときだけです。夢授業は、子どもたちが少人数のグループに分かれて職業人との交流を一セット一五分、五回行っています。一セット毎、子どもたちが各ブースに行くという流れになっています。要するに、生徒たちは一回の夢授業において、五名の職業人から話を聴くことができるということです。

生徒たちは、あらかじめ「どの職業人の話を聞きたいか？」についてリストアップしていることがほとんどです。私自身も、職業人として夢授業という機会を貴重な時間と考えていますから、できるだけたくさんの職業人から話を聞いて欲しいと思っています。

ある日、中学校で開催された夢授業において、私は冒頭に挙げた言葉を一人の生徒から聞いたのです。通常、「居酒屋の経営者になりたい人！」と尋ねても、ほとんど手が挙がることはありません（笑）。にもかかわらず、この中学生は「もう一度聞きたい」と言ってくれたのです！

その日も、いつもどおり私は気合いを入れるためのストレッチをして、ブースで子どもたちを待っていました。最初の一セット目、四人が私のところに来てくれました。挨拶をして、みんなとの握手、そしてハイタッチをしてスタートです。

生徒のなかには、活発で元気な子もいれば、緊張していたり、おとなしい子もいます。一セット一五分というかぎられた時間でのコミュニケーションには難しい部分もありますが、良くも悪くも私の言葉が生徒たちの人生を変える可能性があるのです。その責任を感じながら、毎回、真剣勝負で対峙しています。この日は、みんな元気で笑顔だったので、ハイテンションで話しはじめました。

もう一度聞きたいと言われた酒井洋輔さん

「いきなりだけど、みんなにクイズです！　うちのお店のアルバイトスタッフを採用するときに、一つだけ条件があります。さて、その条件とは何でしょうか。二人一組になって、三〇秒で話し合ってください！」

みんなが楽しそうに、私の出したクイズに挑戦してくれました。代表の子どもが答えを発表します。

「元気な人！」（おっ、それもいいね！　じゃあ、そっちは？）

「接客が好きな人！」（おーっ！　それも店にとっては必要かもね）

「正解を発表します！　正解は……人見知りの人です!!」

みんな、（えっ!?）という驚いた表情で私を見ています。

「びっくりした？　でもね、本当なんよ！　何で人見知りの人を採用するかというとね……」

自分の店でともに働いてくれているスタッフを私は「ファミリー」と呼んでいます。大学生がほとんどですが、彼らは居酒屋でのアルバイト経験はおろか、アルバイトをしたことがないという学生ばかりです。そんな彼らを、店での接客やスタッフ間のコミュニケーションなどを通じて、仕事をすることの楽しさ、お客さまを笑顔にすることの素晴らしさ、行動すること、挑戦することの大切さなどといった経験や感動をしてもらい、少しでも成長した状態で社会に送り出したいという想いで日々付き合っています。

開業当初は経験者を採用したこともありましたが、不思議なことに、未経験の学生が集まってくるようになったのです。最初は話すことすらできませんし、自らを表現することが苦手だった彼らですが、見る見る成長を遂げ、さまざまなところで話題にまでしていただくようになりました。今では、人間力を鍛える「道場」のような店になっています。

現在、スタッフリーダーをしている学生は、入店当初とくに人見知りの激しい性格でしたが、うちの店で働くことで接客業の仕事をしたいと思うようになったようです。元々保育関係の仕事に就くために大学で勉強をしていましたが、「ホテルマンになりたい」という新しい夢を見つけ、二〇一九年夏、某リゾートホテルの内定を取っています。このように、店のファミリーが成長し、社会で活躍してくれることが私の夢となっています。

こんな想いを、この日の夢授業で子どもたちに伝えました。いつのまにか、みんな前のめりになって私の話を真剣なまなざしで聞いてくれていました。いくつかの質疑応答を行ったあと、一五分が経過しました。ブザーが鳴り、お互いにお礼を言って握手をしたとき、ある生徒が冒頭で紹介したように、「僕、もう一度酒井さんの話が聞きたいので、先生に聞いてきます！」と言ったのです。

居酒屋で働く酒井さん

私は、一瞬戸惑いました。子どものためにはたくさんの職業人から話を聞いたほうがよいのではないかとか、学校側もそれを望んでいるだろうという思いがありました。その一方で、こんなことを言ってもらえてすごく嬉しい気持ちになりました。この生徒の真剣な表情にこたえたくなり、先生に確認をすると、「お願いします！」という答えだったので、特例として二セット目もこの生徒を交えて話をさせてもらいました。

二セット目は違う話です。うちの店でやっているミーティングを再現するような感じで進めました。それが終わり、この生徒に「二回も話を聞いてくれてありがとう！」と言ってあつい握手をして別れました。そして、三セット、四セットが終わり、最後の五セット目がはじまろうとしたとき、なんと、その生徒がまた私のところにやって来たのです。

「最後も、酒井さんのところでお願いします！」

ただ、ただ、驚きました……。本来ならば、五名の職業人の話が聞けたはずなのに、この生徒は全五セット中、三セットを私のところで使ってくれたのです。私の拙い話が、一人の生徒の心を動かすことができたのです。やっと、本当の意味で「伝える」ことができたんだ……と、感動で涙があふれそうになりました。

すべてのセットが終わり、みんなとお別れの握手をしたあと、この生徒に向かって、「○○君、今日は本当にありがとう！　俺のほうがすごくいい経験をさせてもらったよ！」とお礼を言って別れています。

私が夢授業に参加するようになったきっかけは、すでに職業人として参加していた友人のフェイスブックを見て、「こんな素晴らしい活動があるんだ！　これは、絶対自分も行きたい！」と思い、友人から木原会長の連絡先を聞き、「是非、行かせて下さい」とお願いをしたのがはじまりです。当初は、自分の想いや経験を一方的に話すことばかりに意識が行ってしまい、「伝える」ということが眼中にありませんでした。自分は何のために参加しているのか、いくら話しても伝わらなければ意味がない……そこに気付いてから、自分が「居酒屋経営」という素敵な仕事をしているんだなぁーと、顧みることができるようになりました。

　夢授業という活動は、言うまでもなく生徒たちのために行っているわけですが、もしかしたら、私たち職業人にとっても、自らの仕事を見つめ直し、その仕事に就いた想いやその仕事をなぜやっているのかなど、振り返ることができるというかけがえのない時間なのかもしれません。

　これからの将来を担う子どもたちに、「早く大人になりたい！」、「働くこと、仕事をすることはこんなに楽しくて、人生を充実させることができるんだよ！」という未来を感じさせてあげられるかどうか、それは大人たちにかかっています。まずは、私たちがキラキラと輝き、その道標となれるように、微力ながらも職業人として胸を張れるように生きていきたいと思っています。

　後日、先ほどの生徒から感謝の手紙が届きましたので最後に紹介します。

　酒井さん、先日は僕たちのためにお忙しい中時間をつくって来て下さってありがとうございました！　三回話を聞かせてもらった○○です。（笑）僕は、酒井さんに出会うまで夢というものが分かりませんでした。でも、酒井さんの話を聞いて夢ができました！　それは、居酒屋の経営者になることです！　大変な仕事だと思いますが、絶対成長して立派な経営者になって酒井さんに会いに行くので、そのときはよろしくお願いします。

こんな嬉しいことはありません。いつか彼と再会し、今度は経営の話ができる日を楽しみに待ちたいと思います。「居酒屋経営」という肩書きのもと夢授業に参加しているわけですが、普段は業務内容や経営の話はあまりせず、働くことの意義や生き方について話をしています。その結果、ここで紹介したような生徒にめぐり会え、感動することができました。職業人として参加させてもらっていること、心から感謝しています。

広告デザイナー

（平安和幸《ひらやす》）

「職業はデザイナーです。ただ、デザイナーといってもいろいろいますが、私は広告のデザインをやっています」と、いつも自己紹介しています。そして、「広告といってもさまざまありますが、主に紙を得意分野としております」と言うと、「じゃあ、チラシとか？」と、やっと想像してもらえるような展開で夢授業がはじまります。

紙をはじめとして、いろんなものへの印刷ということが好きでやっているので、どちらかというと「印刷屋びいき」のデザイナーとなります。顧客はというと、以前は自動車業界の法人が多かったのですが、最近は独立準備中の個人のサポートに力を入れています。顧客というより、仲間・戦友のようなつもりで仕事をしています。

夢授業との出会いについてですが、ある日、ネットで面白いことを言っている障がい者に気付いたんです。それで声をかけて、厚かましくも彼の自宅へ遊びに行ってみました。予想どおり、風変わりで面白くて、元気のいい障がい者でした。その彼が、今や「夢授業の顔」ともなっている落水洋介君（五二ページの写真参照）です。その日は会話を楽しんだだけなのですが、いつの間にか彼が取り組んでいる夢授業に私も参加することになってしまいました。

当時、私は余命宣告をされた親友を見送るために、忙しすぎた会社を独立名目で早期退職し、時々デザインの仕事を受ける程度という日々でしたので、時間だけはたっぷりありました。そのため、初年度はかなりのペースで夢授業に参加していたのですが、今考えると、そのころに夢授業と落水君に出会っていなければ、こんなにも熱中していなかったと思います。「運命だったのかなー」と、柄にもなく考えてしまいます。

ところで、今も昔も、学校や職場で求められている能力といえば「記憶力」であるように思います。何をするにもまず「記憶」ありきで、そこから引っ張り出してきた知識を加工して問題に対峙する、といった流れになっているのではないでしょうか。そのため、学校での学習にしても、入社後の研修にしても、「まずはこれ覚えて！」というところからはじまっています。

しかし、現在ご縁をいただいている先端企業に接したとき、驚くような事実に直面しました。なんと、二言目《ふたことめ》には「覚えなくていいからコレ」なのです。なぜ覚えなくていいのか？　覚えないでどうやって事にあたるのか？　と不思議な感じがしたことを覚えています。また、別の企業では、「誰（どの部署）に聞いたら詳しい回答があるのか」とか「どのワードで検索したら情報が探しやすいのか」という考え方をしていました。

何といっても、先端企業で取り扱っている品目というのはかなり多く、そのため、個別のアップデート件数が凄まじい数になっています。だから、「間違った情報をいつまでも覚えておく」のではなく、「その時点でもっとも新鮮な情報を検索して手に入れることが重要」ということでした。さらに、部署数の多い先端企業においては、「的確な部署へ、的確な問い合わせ」をしないと、いつまでたっても回答が来ないのです。スピーディーに問題を解決しようとするなら、担当部署がどこなのかについて的確に探す

平安和幸さんの作品

能力が、「この問題はこの部署」という記憶力よりも優先されるのです。

現在、上記のような企業はまだ少ないと思いますが、一〇年後、二〇年後はさらに情勢が変わっていると思われますので、少なくともこれから必要とされる能力は「検索力」であると思われます。しかし、これについて正面から教えている学校がいったいどのくらいあるでしょうか。長時間労働に苦しんでいる教師のみなさんに、「考え方」も含めてこれを押し付けるというのは酷な話でしょう。

このような現状をふまえて、職業人がこれらのことを担う必要があるのではないかと感じています。職業人が「こういったことが社会で起きていますよ」という情報提供を行い、教師と子どもが一緒になって考えることで、教室内での関係性の向上や考え方のアップデートができるのであれば、そこに夢授業の存在価値が見いだすことができます。

夢授業に参加したあと、先生方からの感想で、「職業人の話を聞いている子どもの姿（瞳がキラキラしているとか、身を乗り出して熱心に聴いているといった姿）を、今まで教室で見たことがない！」という話をよく聞きます。もちろん、多少のリップサービスが入っているとは思いますが。

しかし、ある意味、これは自然なことなのではないでしょうか。もちろん、私たちは、自分がやっている職業の話を一五分で子どもたちに伝えるべく、飽きさせないような構成を考えて夢授業の約二時間にのぞんでいます。子どもたちがそのような反応をすることを目指して（？）のぞんでいるので、言ってみれば想定内なのです。

一方、先生方は、私たちが二時間に詰め込む情熱と戦略を三六五日繰り返しているわけですから、生徒によっては「飽き」が来るのも当然ではないでしょうか。事実、私はそういう子どもでした。日々の授業内容に退屈して、よく居眠りをしていました（社会人になってからもあまり変わりませんが）。

要するに、普段の授業では子どもが飽きるだけの要素が満載となっているわけですが、さらにもう一点、退屈させる要素があります。それは、「一人VS多数」という授業スタイルです。もちろん、これがごく普通なのですが、一人の教師が多数の子どもに対して延々と説明するというスタイルは、時々子どもに発言を求めるとしても、大多数の子どもからするとやはり退屈なものです。

夢授業でのスタイルを見ていただくと分かりますが、一見すると「一人VS多数」のように見えますが、実は「一VS一」が複数存在する構成（対話型）となっています。「一VS一」なので、当然飽きませんし、会話のキャッチボールをすることになりますので子どもも真剣にならざるを得ません。また、「教える人VS子ども」という構図でもありません。実際、職業人も子どもたちから学んでいますので、「教育」ではなく「共育」といった状態と言えます。そろそろ、日本の授業スタイルも変革の時期に来ているのではないかと、素人ながら思っています。

さて私は、夢授業で子どもたちに、『世間の迷信を打破する」とか「自分の可能性を拡げる」といったことを伝えたいと思ってのぞんでいます。前述したように、私の職業はデザイナーです。デザイナーは「絵が上手」とか「美術が得意」というイメージあると思いますが、私には当てはまりません。広告業界ではそれよりも重視されるスキル（目的達成意識とか行動経済学の知識）があり、「絵がうまい」とか「美術が得意」というだけでは食べていけないというのが現実です。

そこで、「絵を描く職業に就きたい」という人の一部は「イラストレーター」という職種を選択します。そのせいか、「広告のデザイナーって、意外と絵が上手とか美術が得意という人はあまり多くないんだよ」と子どもたちに話すと大抵の場合驚きます。さらに、「デザイナーになるのに必要な資格はなんでしょうか?」といった質問をしています。すると、「色彩検定」などの答えが結構出てきます。みんな（よく知ってるなー）と思いつつ、ほぼ全員に「実はそうじゃないんだよ」と伝えています。答えは「資格不要」です！「絵がうまい」とか「美術が得意」じゃないとなれないといった「世間の迷信」に負けずに頑張って欲しい、という思いを込めて言っています。世の中、こんな迷信があふれかえっているのです。

「まず、自分で動いて情報を取りに行き、真贋《しんがん》を判断できるようになるといいね」と、子どもたちにエールを送っています。さらに、『デザイナーは、資格を取るより賞を獲れと言われているんだよ」と伝え、公募案件に応募してみるようにもすすめています。後日送っていただいた子どもたちの感想に、「すすめられた公募の本を購入しました」というものがありました。すでに、将来の夢に向かって一歩踏み出している子どもがいると知ってとても感動しました。

とはいえ、時々、「美術が得意（イラスト描くのが好き）だからデザイナーになりたい」と話す子どもに出会います。話を詳しく聞いてみると、美術などの関連科目は頑張るものの、それ以外の国語・英語・数学などはあまり頑張っていないという感じです。実は、デザイナーという仕事では、欧文のスペルミスや送り仮名の間違い、そして言葉の誤用や金額などの数値間違いは「命取り」となります。たとえどんなに素晴らしいデザインであろうとも、このようなミスをしてしまうと信用を失ってしまうのです。よって、「デザイナーって、実は美術以外の科目も大事なんだよ」と話しています。

そういえば、間違いが理由で仕事をなくすという話をしたとき、「今までで一番大きな失敗は何ですか？」と聞かれました。そのときは素直に、「南九州三県を対象にした本の、裏表紙の広告内容が消えてしまった」と伝えたのですが、子どもたちが本気で心配をしてくれました。幸い職を失わずにすんだのですが、今でも戒めとし

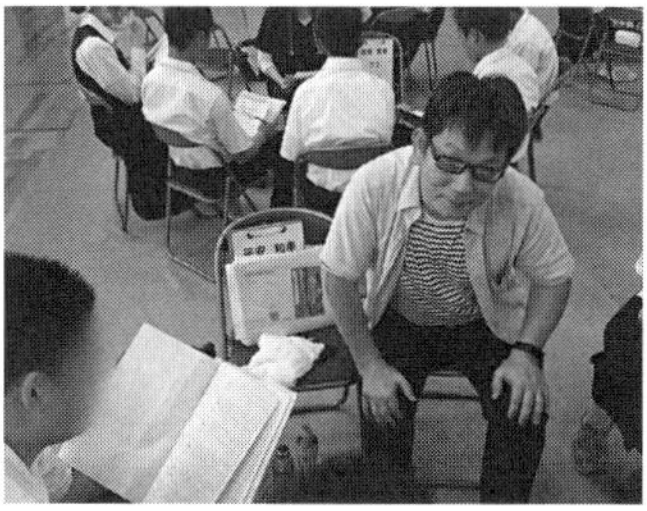

資格不要と話す平安さん

て時々思い出しています。

夢授業の一セットは約一五分です。その短い時間で生徒たちにきちんと伝わっているのか心配で、いつも子どもたちから届く感想を楽しみにしています。いや、ちょっとした恐怖ともなっています。

ボランティアで運営されている夢授業ですが、実は大人も一緒に成長できる貴重なプログラムとなっています。自分の仕事の原点について考えさせられることなんて、経験年数とともに減っていくものではないでしょうか。夢授業では、それが毎回あるのです。今後も仕事の調整をしながら参加したくなる不思議なプログラムです。

「夢授業」の大トリを務める落水さん

ここまで、2章にわたって職業人のコメントを紹介してきました。毎回、数十人の職業人が参加して、子どもたちにそれぞれの職業について話をしてもらっているわけですが、そんな職業人も最後には耳を傾けることになります。夢授業の最後を飾る「大トリ」、この大役を

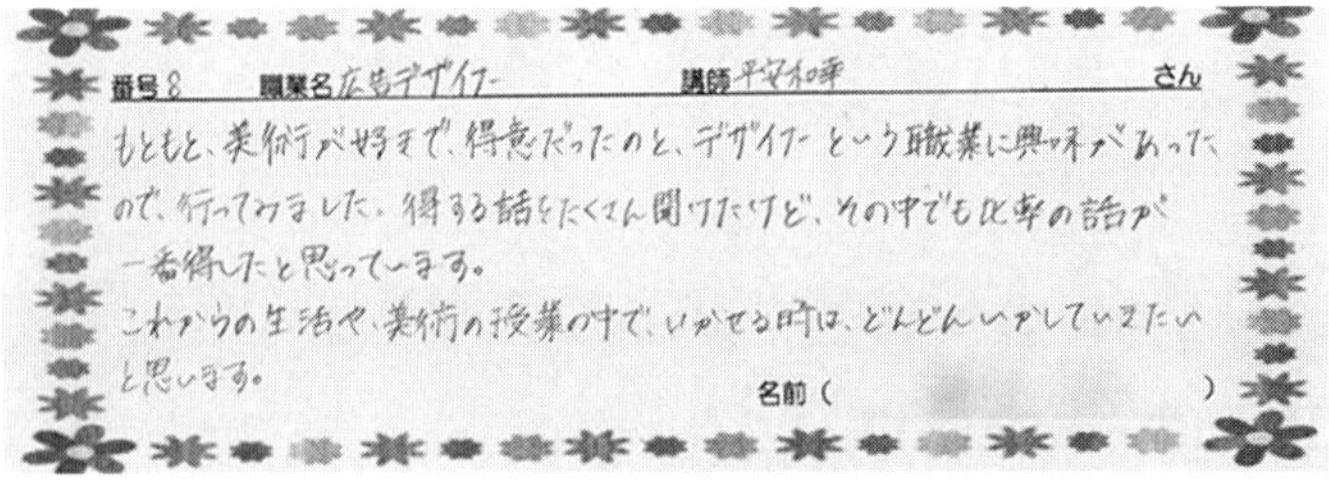
番号8　職業名 広告デザイナー　講師 平安和平 さん

もともと、美術が好きで、得意だったのと、デザイナーという職業に興味があったので、行ってみました。得する話をたくさん聞けたけど、その中でも比率の話が一番得したと思っています。
これからの生活や、美術の授業の中で、いかせる時は、どんどんいかしていきたいと思います。

名前（　　　　）

子どもから届いた手紙

務めているのが落水洋介さんです。

落水さんは、二〇一三年に進行性の難病である「原発性《げんぱつせい》側索硬化症《そくさくこうかしょう》（ＰＬＳ）」を発症し、二〇一六年一月には勤めていた会社を退社しています。五三ページの注で説明したように、下肢のツッパリ感や歩行障がいといったことを自覚症状として発病し、その後、徐々に上肢の症状、しゃべりにくい、飲み込みづらいという症状が加わっていき、数年後には「寝たきり」になってしまうという大変な病気です。

落水さんは車椅子での生活となり、家からほとんど出ないという生活がはじまりました。何とかしないといけないともがき苦しむなか、明るい未来をつくっていかないといけないと思い出し、奥さんの文子さんと、小中学校の同級生だった大場崇生・紗代さん夫婦とともに、二〇一九年代に北九州市八幡西区のＪＲ折尾駅近くに「おりお喫茶」を開店するほか、同市の社会福祉法人で働きながら各地に赴

「おりお喫茶」の外観

き、自身の生き方などについて講演活動を行っています。実際の夢授業と同じく、職業人の最後を落水さんに飾ってもらうことにします。

夢があれば楽しい

（落水洋介）

二〇一六年一〇月、私の母校で夢授業があるということで声をかけていただき、参加することにしました。学校の体育館に、多いときには七〇種類以上にも上る業種の大人がボランティアで集まり、子どもたちがたくさんの大人から話を聞いて、いろんな生き方や夢を見つけてもらうというのが夢授業です。わざわざ仕事を休んでまでボランティアでやって来るという大人たちなので、仕事の楽しさややりがい、そして厳しさも含めて伝えたいという思いが強い人ばかりです。

そんな場所に無職の私が行って何をするのか？　このころ、とにかくいろんなところに出向くこと、頼まれたら断らないと決めていましたので、正直に言えば、内容もよく分からずに参加することを決めました。実は、その数日前、北九州キャリア教育研究会の会長である木原さんに会っています。木原さんに、「私は無職ですが、何をしたらいいですか？」と質問すると、「五分ぐらい、みんなの前で話してよ」と、私のことを知っているわけでもないのに、みんなの前で話をする機会をくれたのです。

この日から、私は一つの居場所をいただくことになりました。病気をした私だからこそ子どもたちに伝えられることがあるはず、と考え出したときでもあります。また、学校でもっといろいろな発信をしたいし、子どもたちが障がい者と触れ合う機会が必要だとも考えていただけに、強い意志をもって行動すれば想いは叶うんだなーと思えるようにもなりました。

木原さんとの出会いについて述べておきます。

私の母校である北筑高校でＰＴＡ会長をされている人がいました。卒業生である私の存在を知ったこのＰＴＡ会長が、地域では名物ともなっている母校の運動会に誘ってくれたのです。とても暑い日でした。テントが張られている場所はステージを組んだ階段でしたし、来賓でもない私がテントに入れるわけがありません。炎天下のなか、一人車椅子で楽しんでいました。ＰＴＡ会長は席から動くことができません。しかし、心配をしてくださり、私の面倒を見るように指名されたのが、当時ＰＴＡの役員をされていた木原さんでした。日よけとして学校オリジナルのタオルをプレゼントしてもらい、事あるごとに気にかけていただき、ほんの少しだけ病気の話も聞いてもらったほか、フェイスブックでつながらせてもらえることになりました。この日は、ただそれだけでした。

その数日後、たまたま木原さんと博多駅で会い、初めてゆっくりと自分のことを話し、木原さんが取り組まれているたくさんのことを聞きました。とても面白いし、尊敬するというか、それ以上に私のすべてを受け止めてくれたことにびっくりしました。そして二日後、「面白い人が来るから」と呼び出していただき、私の話をみなさんに聞いてもらったとき、「三日後の夢授業で、卒業生として五分ぐらい話をしてくれ」と依頼されたわけです。

前述したように、依頼があったら断らないと決めていましたが、正直冗談だと思っていました。半信半疑な状態で、一応話す内容を考えて母校に向かいました。そして、本当に話をしてしまったのです。

それにしても、人との出会いというものはスゴイものですし、さまざまな縁を感じてしまいます。奇跡的に、私は夢授業に出会うことができたのです。そして、その夢授業では、毎回「感謝と夢」をテーマにして、次のような話をさせてもらっています。

私は、ＰＬＳという病気になってしまいました。どんどん足が動かなくなって、どんどん手が動かなくなって、しゃべることも食べることもできなくなり、数年後には寝たきりになってしまうような病気になってしまいました。普通に考えるとすごく可哀想に感じられるかもしれませんが、今が人生のなかで私は一番幸せです。

でも、なぜこんな病気なのに幸せなのでしょうか。それは、些細なことや、今まで当たり前だったことに感謝できるようになったからです。足が普通に動いて歩けたことに、「ありがたかったな」と感謝できます。手が普通に動いたことにも「ありがたかったな」と思えるし、普通にしゃべれたことにも「ありがたかった」と本気で思っています。

友だちがメールをくれたり、電話をしてきてくれること、遊びに連れ出してくれることも、以前は当り前のことでした。でも今は、そんな当たり前だったことに「ありがたいなー」って本気で思えます。些細なことや当たり前のことに感謝できるようになり、身の周りに「ありがとう」が一杯になったとき、私はこんな病気にかかりましたが、今が一番幸せだと思えるようになりました。

今が人生のなかで一番幸せと語る落水さん

私には、今、仕事と言えるようなものがありません。今の夢は、寝たきりになってもできる仕事をたくさんつくることです。そのことを考えるとワクワクするし、ドキドキするし、大変だとは思いますがやりがいを感じています。

でも、以前は夢がありませんでした。小学校から高校まではサッカーを必死にやって、大学時代は必死にバイトをして、必死に遊んで、就職活動の時期にはやりたいことなんて何もありませんでした。強いていえば、経営者になって贅沢な生活がしたいというようなボヤっとした夢でした。

世間にどんな仕事があるのかも知らなかったし、今でも知らない仕事がたくさんあります。社会に出たら働くことになって、長い人は六〇年以上働くことになります。どうせ働くなら、嫌々働くのではなく、また生活のためだから仕方ないと思いながら働くのではなく、毎日ドキドキするとかワクワクするとか、きつい仕事ではあるけど充実してるとか、達成感があるとか、やりがいがあるとか、そんな仕事を見つけて欲しいです。もちろん、仕事以外の夢でもいいですから、夢をたくさん見つけて欲しいです。

何と言っても、夢があると楽しいですから。何歳になっても夢は見れるし、何個あってもいいと思います。だから、もっとアンテナを張って、どんな仕事があるのか知ろうとすることが大事だと思います。アンテナを張り続けておれば、必ず夢は見つかると思います。私は

──こんな病気になりましたが、夢があるから楽しいです。

ここで紹介させていただいたのは、一番初めに母校で話したものですが、ほかの学校でも同じような話をしています。夢授業との出会いで人とのつながりが大きく広がり、新しくできることややりたいことも増えてきました。多くの人との出会いのおかげで、私を取り巻く「環《わ》」が大きく変わってきたように思えます。

現在は、冒頭で紹介していただいたように、講演活動の場が広がり、就職もできましたし、合同会社を設立することもできました。「病気のことはオープンにしたほうがいい。人に頼るのは悪いことではない」という信念のもと、ほかにも活躍の場がどんどん広がっています。夢授業で子どもたちに夢を語っているのですが、自分が一番夢を叶えられる場所を得たように思っています。

改めて、素敵な大人の集まりに参加させていただいていることに感謝！　今はなぜか、事務局という役割もいただいて、とても大切なライフワークとなっています。それだけに、夢授業が今後どのように発展していくのだろうかと私も興味をもっています。たぶん、木原さんのことですから、さまざまなことを考えているのでしょう。第6章で語られる「キャリア教育研究会の未来」、私も楽しみにしたいです。

第5章

学校から見た「夢授業」

夢授業研修会で行われたクイズで優勝した先生たち

本章では、これまでに夢授業を開催した学校の先生方からいただいたコメントを紹介していくことにします。教育現場、日々ご苦労が多いなか、夢授業を開催に向けてご尽力をいただきました。小さなボランティア団体でしかない「北九州キャリア教育研究会」と教育現場のコラボレーション、その実態を参考にしていただければ幸いです。

北九州キャリア教育研究会と出会い、ともに歩む

（北九州市立上津役《こうじゃく》小学校前校長・筒井智己）

木村泰子校長との出会い

今から一〇年ほど前のことです。子どもの学習意欲の低下が叫ばれ、学校教育の大きな課題となっていました。もちろん、現在でもこの課題は解決されたとは言えません。学習意欲の低下という問題、先が見通せない不透明な時代や子どもの体験不足がその一因となっているように思えます。

これについては、私自身もかなりの危機感をもっていました。子どもを「学校」というかぎられた世界で育てるのではなく、社会との接点を増やし、実体験を通して育てることが必要だ、とも感じていました。実体験を増やすことで、あらゆる物事に自信をもってかかわることができ、

学習だけでなく身の周りのさまざまなことに対して意欲的に取り組めるのではないかと考えていたわけです。そんななか、大阪市のある小学校で、解決する一つのヒントをいただくことができました。それは、私が北九州市立槻田《つきだ》小学校で教頭を務めだした三年目のことです。

二〇一〇年一〇月、北九州市教育委員会の派遣研修で大阪市まで学校視察に行くことになりました。大阪市教育委員会と連絡を取り合ったうえで訪問先の学校を紹介してもらったのですが、その内の一つが大阪市立南住吉大空小学校(1)でした。この学校は当時の新設校で、木村泰子さんが初代校長を務めていました。ご存じの方もいることでしょう。木村校長はドキュメンタリー映画『みんなの学校』（真鍋俊英監督、二〇一五年）に登場する校長です。とてもパワフルで、魅力的な校長でした。

大阪市といっても、住吉区は一番南に位置しています。市境ともなっている大和川を渡ると堺市です。大阪駅からＪＲ阪和線に乗って「我孫子町駅」で降りて、五分ほど北に歩いて学校に向かうと、木村校長が私たち一行を出迎えてくれました。早速、校内を案内してもらい、校長室で学校経営についての説明を聞いたわけですが、驚きの連続でした。学校を、教師だけでなく保護者や地域の人が一緒になって、子どもを含めてみんなで学校をつくっているという事実に強く感

（1）二〇一四年に「大空小学校」に名称が変更されている。

銘を受けましたし、当時、学校の教育活動などに約五〇名にも上る地域の人が携わっているという話を聞いて、驚き以上の感動を受けたことを覚えています。

南住吉大空小学校を訪問した翌年、私は北九州市立萩原小学校の校長になったのですが、「この学校はみんなでつくる」という考えが私の学校経営における大きな柱の一つとなりました。教師が教えることを通して、子どもたちは自らの世界を広げることができます。教師だけでなく、地域に住む大人が子どもの教育にかかわることで新しい体験が用意され、世界をさらに広げることができます。その結果、さまざまな物事に自信をもってかかわり、意欲をもった子どもを育てることができると考えたわけです。

夢授業の説明を聞く筒井智己さん（左から２人目）

萩原小学校のフェアウェルパーティー

校長になってからというもの、地域の人材を学校の教育活動に取り入れることに力を注ぎました。それが報われたのでしょう。朝の交通指導の際により多くの人が立つようになったり、学校前の歩道を掃除していた私とともに地域の人が掃除をしてくれるようにもなりました。また、クラブ活動の指導にかかわってくれるという人も現れました。

さらに、昼休みにプロの演奏家によるコンサートを中庭で開いたり、子どもが興味をもって参加する「おもしろ科学実験教室」、「生け花教室」、作曲家による「即興演奏会」、演奏家と表現者によるコラボ、マジックチャンピオンになった人のマジックショーを行ったりするなどして、地域の人々の協力によって子どもたちがいろいろな体験をすることができるようになったのです。これらの体験を通して、子どもたちは新たな世界に出会えたと思っています。

萩原小学校では、卒業する前に毎年フェアウェルパーティーが開かれています。フェアウェルパーティーとは、卒業していく六年生が保護者に感謝の気持ちを表す会です。プログラムのなかには、自分の夢や将来を保護者やお世話になった地域の人に伝えるという場面があります。私は六年生の担任と話し合って、子どもたちが将来について伝える場を「ポスターセッション方式」で行えるように工夫しました。

ポスターセッション方式とは、説明する児童が一つ一つのコーナーを担当し、話を聞きたい人がコーナーを自由に選んで聞くというものです。本書をここまで読まれたみなさんであればすでにお分かりのように、この学習形態は夢授業において職業人と子どもたちが交流するスタイルともなっています。

フェアウェルパーティーを行うにあたって学校側が考えたのは、子どもたちが自らの将来について伝えるために、本で調べるだけでなく、実際に仕事をしている人から話を聞いたり、FAXや手紙をもらったりすることでより具体的な発表ができるようにしたことです。その一環として、校長室まで職業人に足を運んでもらうということをお願いしました。薬剤師、スポーツトレーナー、中学校の校長を退職したあとに高校の野球部の監督になった人、自衛隊員など七名の人に小学校まで来てもらっています。

フェアウェルパーティの様子

それらの職業に就いている人の話を実際に聞き、それをもとにしてフェアウェルパーティーで発表したことによって、保護者は我が子の成長をより確かなものとして実感したと聞いています。なかには、入学当時は幼かった我が子が、六年という時を経て、多くの人の前で夢や将来について立派に話す姿を目にして涙する保護者もいました。年によって発表の形式は変わりましたが、校長として勤めた三年間、子どもたちの夢や将来を語る活動を続けてきました。

うれしい出会い、そしてはじまり

　このような活動をするなか、三年目のある日、同じ地域に住んでいて学校のボランティア登録をされている藤田江美子さんが校長室を訪ねてきました（プロローグを参照）。そして、「多くの高校生が自分の将来について具体的なイメージをもってないという現状に危機感をもっている」と熱く語り、「高校生になってから将来を考えるのでは遅い、もっと早くから将来について考える機会をつくらないといけない」と力説されました。今でも、藤田さんが熱心に語る姿が目に浮かびます。

　当時、より多くの職業人と我が校の六年生を出会わせたいと思っていた私は、具体的に話を進めていくことにしました。後日、藤田さんとともに木原さんが校長室を訪ずれてくれました。そして、どのような会にするかについて打ち合わせをしたのですが、私は中学校への進学を控えた六年生に対して、学校から素敵なプレゼントを贈りたいという思いをみなさんに伝えました。

　職業人との交流によって、子どもたちが自らの人生に少しでも見通しがもてるようにするとともに、夢や希望をもって中学校に進学し、意欲的な学校生活が送れるようにしたいという、

夢授業研修会での筒井さん

我が子に対する親にも似た思いで話したことを覚えています。

木原さんの話はとてつもなくスケールが大きく、「北九州市をここから変えていく」ということを真剣な表情で語っていました。その言葉を聞いて、私も胸がわくわくしてきました。実際、夢授業が市内の小学校、中学校、高校へと広がっていく現状を見ていると、少しずつでしょうが、確実に北九州市を担う次世代により良い影響を与えているという確信めいたものを感じています。

大勢の職業人（二七人）と六年生全員が交流するという取組、この時点では全国初の試みとなります。その場所をどこにするのか、一人の子どもは何人の職業人と出会って話を聞くのか、聞くときの「場づくり」はどのようにすればいいのかなど、一つ一つ打ち合わせをしていきました。

学習内容については、六年生の担任教師が中心となって考えていきました。その日かぎりの学習にはしたくない、という考えをしっかりともって計画を進めました。交流前の学習を十分に行い、子どもの学習意識を高めておくことで価値ある交流ができると考えたからです。もちろん、どのような職業人を集めてもらうのかについては、藤田さんや木原さんに委ねました。それにしても、ボランティアで参加してくれる人を集めることに自信をもっていたお二人を見て、「すごいなー」と思うとともに頼もしく感じました。「この学校はみんなでつくる」と公言していた私でも、さすがにこれだけの職業人を集めることはできません。

交流を通して学んだこと

さて、初めての夢授業の日、子どもたちは「『働くとは、どういうことか』を探る」ということをテーマにして職業人と交流しました。先にも述べたように、職業人のみなさんはボランティアでの参加です。すべての職業人が自分の職業に誇りをもつという魅力的な人ばかりで、交流会は大成功でした。最初は緊張気味だった子どもたちでしたが、次第に笑顔が出て、目を輝かせながら職業人の話を聞いていた姿が印象深いです。

交流会を終えて、六年生の子どもたちは働くことについてさまざまな気付きがあったようです。その一例を紹介しておきましょう。

A児の交流後の感想

いろいろな仕事を知っていく中で、仕事はお金をもらうだけじゃないんだと思った。ちゃんと自分の意思をもって頑張っていたり、自分の特技を生かしたりしていた。すごくいい体験だった。この体験を生かして自分の職業を決めようと思いました。

B児の交流後の感想

人の役に立ちたいと思って仕事についた人が多かったです。看護師のKさんの「死ぬまで人を助けたい。足腰が衰えて立てなくなっても、相談相手くらいにはなれる。今、こんなふうに、みんなに仕事のことを伝えながら、心臓がとまって死ぬような死に方は最高」という言葉がすごいなと思ってとても印象に残っています。

ぼくも、働くときは、人の役に立ててやりがいのある仕事がしたいです。（中略）様々な職業の方々に感謝しないといけないなと思いました。


交流する前は、働くのはお金を稼ぐため、豊かな生活をするため、という考えが多く見られたのも事実です。しかし交流後は、「お金のためだけではない」ということを知り、「特技を生かすこと」、「楽しむこと」、「好きなことを責任もってすること」、「生きがいのある人生をつくるもの」、「生きている証拠」といった、自分自身の幸せや充実感につながるコメントを子どもたちが発しているのです。それだけでなく、「人の役に立つこと」、「誰かを助けること」、「人を喜ばせること」、「相手の立場で考えること」といった他者のために働くという「社会とのつながり」にも気付いたようです。

さらに、「働いていることが幸せなんだ」と意外性をもって受け取った子どももいました。また、ほとんどの職業人が仕事で失敗をした経験があることを知って、「やっぱり失敗しているんだな」と安心するとともに、「その失敗を通して、学んだり、解決策をちゃんと見つけたりしている」

ということを学んだ子どももいます。これらの子どもは、職業人の話から、「失敗を生かすことをしっかりやっていきたい」という前向きな気持ちをもったことでしょう。

そういえば、「仕事には責任が必要」ということに気付いた子どももいました。同じように感じた子どもがほかにもいて、将来について見つめる姿も見られました。「訪問看護師になって祖母を助けたい」、「人の役に立つ仕事をしたい」、「人を笑顔にできる仕事に就きたい」、「人の役に立てる人になる」といった言葉が子どもたちから出されたのです。これらの気付きや思いは、魅力ある職業人と交流したからこそ生まれたものだと言えます。

上津役《こうじゃく》小学校の中学校区でも夢授業

次の年、前の勤務地である上津役小学校に異動になりました。この当時、子どもたちが進学する上津役中学校があまり落ち着いた状態ではなかったので、小学校の職員のなかには「中学校を変えたい」と思っている人が何人もいました。とくに、六年生の学年主任をはじめとする三名の担任が強い思いをもっていました。また、中学校の職員も「変えたい」という熱い思いをもって日々教育に取り組んでいたこともあり、中学校は地域の人や保護者から「よくなった」とか「変わった」という声が聞かれるほど落ち着きを取り戻しました。

私が六年生の担任に、「萩原小学校で実施した職業人との交流をしたい」と提案して、上津役小学校でも多くの職業人と交流することになったのです。子どもたちは、さまざまな職業人と生き生きと交流し、次々と質問を出していました。寒い体育館でしたが、熱気あふれる交流でした。交流後、子どもたちは以前にも増して卒業前の生活を充実した状態で過ごし、高い意欲をもって中学校に進学していきました。

上津役中学校には、上津役小学校と大原《おおばる》小学校の子どもたちが進学します。同じ中学校へ進学する子どもたち全員が職業人と交流し、夢や希望をもって進学することが大切だと考え、大原小学校の千々和道隆《ちぢわみちたか》校長に相談したところ、千々和校長も意義あることだと言い、「一緒にやろう」ということになりました。北九州キャリア教育研究会のメンバーと二校の六年生の担任教師が相談し、翌年、上津役小学校の体育館に二校の六年生が集まって職業人と交流することになったのです。このとき、四五業種五四名の職業人が体育館に来ています。子どもたちの人数は、両校合わせて一六〇名になりました。交流後に書かれた子どもたちの感想を読むと、さまざまなことを学んでいることが分かります。

・これから新しいことに出合い、失敗することもあるけど、今日学んだことを生かして生活したい。
・あきらめずにする。夢や目標をもつということを学んだ。職業人のみなさんは、あきらめない姿勢をもっていた。夢や目標をもったほうがこれからつき進める。みなさん、「人を幸せにする」「人のために」と言っていたので、大切にしていきたい。
・大人とはとか、人生についてもたくさん知ることができました。家に帰って家の人にたくさん話をしました。未来の日本をよりよくするため、自分から積極的に動いたりしていきます。中学生になっても必死に努力をし、頑張ります。
・話を聞いて自分の中での気持ちがすごく変わりました。「しっかりとお家の人、両親に感謝しましょう」とか「人と人とのつながりを大切にしましょう」とかこれからの私の未来に向かって頑張るときに必要なことをたくさん学びました。（中略）人生できっと一度の体験をさせていただいたのですごくありがたい気持ちでいっぱいです。

これからはじまる中学校生活や将来に対して、夢や希望をもって意欲的になれる——夢授業がそんなプレゼントになったようです。一方、職業人からは、「いい目をしていますね。ほんの小さな夢を見つけたら、中学校で大きく育ててください」とか「今日集まった人たちはとってもかっこいい大人です。かっこいい大人になってくださいね」といったエールをいただきました。

二校合同の夢授業も、とてもよいものになりました。その様子を見ていた上津役中学校の先生方も、「是非、中学校でも実施しよう」ということになり、中学校でも二年生を対象にして、毎年夢授業をはじめることになっています。そのため上津役中学校区の子どもたちは、現在、小学校でも中学校でも職業人との交流を経験していることになります。将来、子どもたちがどのような大人になるのかとても楽しみです。

東京大学社会科学研究所とベネッセコーポレーションの共同研究プロジェクトの調査報告には、「自己肯定感は、子どもが自信を持って自立への道を歩む土台となるものです。（中略）『生活者としての自立』『学習者としての自立』『社会人としての自立』を支える基盤」であると書かれています。そして、自己肯定感については、「将来の目標が明確になった子は、自己肯定感が高まっている」（東京大学社会科学研究所・ベネッセ教育総合研究所 共同研究プロジェクト「子どもの生活と学びに関する親子調査 2017」結果速報）と結論づけています。

北九州キャリア教育研究会が取り組んでいる夢授業は、授業を受けたあとの子どもの感想や学校生活の姿から、子どもが将来の目標を明確にもつことを助ける場となっていると確信できます。さらに、夢授業が子どもの自己肯定感を高め、自信をもって物事に取り組める子どもを育てるという役割の一端を担っているとも言えるでしょう。一人でも多くの子どもが夢授業を受け、自分自身の将来を見つめたり、社会とのつながりを意識したりすることで、意欲あふれる生活を過ごすことを願ってやみません。

キャリア教育における「夢授業」の役割

（北九州市立菅生《すがお》中学校教諭・山田龍一）

現在、私は北九州市小倉南区の菅生中学校で二年生の学年主任を務めています。二〇一九年度の五月に初めて夢授業を実施しましたが、実施に至るまで、一年生の後半から三年間を見通した進路学習（キャリア教育）をどのように組み立てていくべきなのかについて考えてきました。三年間の計画を立てるうえで考えたことは、生徒の課題を見直し、どのような力を生徒につけていくべきか、ということでした。そのときに浮かび上がった課題というのは次の三つです。

・自尊感情が低い生徒が多いこと。
・周囲の身近な大人から得られる人生設計のモデルに乏しいこと。
・家庭学習をする習慣がなく、学習意欲の低い生徒が多いこと。

これらの課題を克服するために何をしたらいいのかと考えた結果、三年にわたる進路学習を「前期」と「後期」に分けて展開することにしました。前期では職業観・勤労観を育み、将来の自分を創造できるようにする、後期は、中学校卒業後の進路について具体的に考える、ということが中心テーマとなっています。そして、一年生の三学期に以下のような内容で進路学習をはじめています。このときには、「進路＝高校進学」というよりも、「進路＝人生設計」という大きなテーマで考えてもらえるように仕向けながら学習を進めていきました。

①**進路アンケート**――将来の目標や就きたい職業などについて考える。

②**職業調べ**――興味のある職業について調べ、A４用紙にレポートを作成する（国語科とコラボレーション）。

③**自分の将来設計を考えよう**――五年後、一〇年後、一五年後、自分は何をしているだろうか？

④**一人暮らしのシミュレーションをしてみよう**――実際に生活するためにはどんな費用が必要だろうか？

このような取組を行っていくなかで聞かれた生徒の感想は興味深いものでした。

色々な職業があることを知ることができた。

このようなことを考えたのが初めてのことで、自分の将来のことを考えるよい機会となった。

生活していくためには、色々な費用がかかることを知り、実は大変なことだということがわかった。

どうやら、自分の将来のことについて少しずつ考えはじめるきっかけになったのではないかと私自身も感じています。逆に言うと、中学生ではまだ「社会」というものを実感してとらえていないということになります。ある意味、当然のことかもしれません。いずれにせよ、このような取組を進めながら二年生の一学期に夢授業を実施し、そのすぐあとに「職場体験学習」を行うことで関連づいた取組ができるように考えたわけです。

新年度となり、新たな学年がスタートしました。二年生では、一年間の目標として、「いろいろな〝体験〟をさせ、〝経験〟を積み重ねながら〝視野〟を広げさせたい」という教師一同の思いがあり、五月に開催する夢授業に向けて準備をはじめていきました。教師のなかに夢授業を経験した者がおらず、実施にあたって少し不安なこともありました。その不安というのは、「生徒が失礼なことをしないか？」、「話をきちんと聞くことができるのか？」など、マナーに関することです。

事前指導では、生徒に付けて欲しい力の話だとか、マナーの話などを中心に行うことで夢授業への意識を高めてい

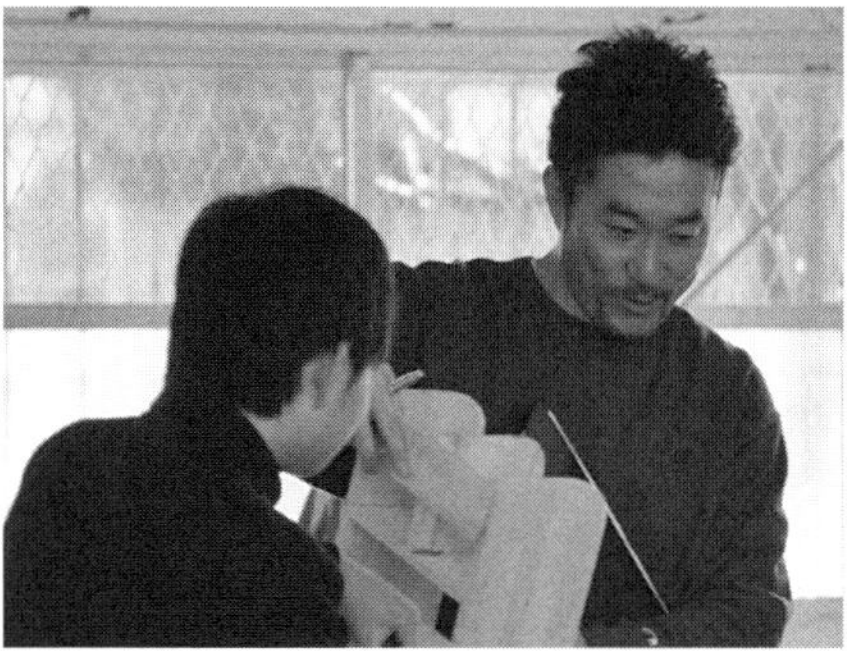

生徒に指導する山田龍一さん

きました。また、夢授業を実施するにあたり、「落水洋介さんの講演会をしたほうがより効果的である」といったアドバイスを北九州キャリア教育研究会からいただき、落水さんの講演会（二〇六ページ参照）を四校時に行い、そのあとの五〜六校時に夢授業を行うことにしました。

落水さんの講演会では、いつもならば集中力が続かずに頭が下がってしまう生徒たちも、食い入るような表情で、興味深く話に耳を傾けている姿が見られました（教師としてちょっと悔しいですが……）。後日、生徒の感想を読むと、「不機嫌は罪」、「夢をもちなさい。夢は大きくても小さくてもいいのです。途中で変わってもいいのです」などのフレーズが心に残ったという生徒がたくさんいたことに私は驚きました。とにかく、落水さんの講演会が素晴らしいイントロとなって、いい流れで夢授業につなげていけたと思っています。

このときの夢授業の様子を簡単に紹介しましょう。生徒が入場する前、すでに三〇名の職業人が体育館のステージ前にあるひな壇の上に座っており、事務局の人たちを含めて全員が生徒を大きな拍手で迎えていただいたことにまず驚かされました。この拍手によって、職業人と生徒たちとの距離が一気に縮まったように感じました。

事前に生徒たちは、どの職業人から話を聞きたいかについてアンケートで答えており、五回のローテーションを組んで各ブースを回ることになっていました。夢授業がはじまると生徒たちは、教師の不安をよそに、各ブースで「前のめり」になって、一所懸命職業人の話に耳を傾けていました。その様子を見て、「驚いた」というのが正直な感想です。また、一回、二回とブースを回るたびに、職業人とフレンドリーに話をする生徒が増えていったようにも思えました。

私たち教師が生徒たちに求めていたこと、つまりさまざまな大人の考え方に触れ、アドバイスをもらうことで自らの視野を広げていき、多くの体験や経験を積み重ねることによって自らの将来イメージを形成されるということですが、それらが見事に達成されたと確信しました。

そして終了後、生徒が退場するときに職業人のみなさんが体育館の出口でアーチをつくり、生徒たちが退場していくのを見送るといった演出にも驚かされました。照れくさそうにアーチの中を歩いていく生徒の表情、なかなか見られるものではありません。このときの生徒の感想を紹介しておきましょう。

・お話をしてくださってありがとうございました。私は少し悩むくせがあり、将来が少し不安だったけれど、Fさんのお話を聞いてすごくためになったし、今の自分の心に「グサッ」ときました。これからは、Fさんのいう通り「喜びをたくさんもつ」を心の隅に置いて保育士になるという夢を叶えられるように頑張りたいです。

・「好きなものを極める」という言葉が印象的でした。私も自分の好きなものを極めて友達を増やすことと、後輩に「好きなものを極めるだけ人生は変わる」という事を伝えたいです。

―――――――

・今回は夢授業に来てくださってありがとうございました。Kさんが言っていた「ありがとうは当たり前ではない」という事を忘れないようにします。夢はまだないけど、夢ができたらKさんのように全力で追いかけていきたいと思います。

このように、何らかのキーワードを受け取った生徒の感想が目立ったわけですが、私たち教師は、夢授業を実施したことで次に挙げるような効果があったと考えています。

・実際に働いている大人と触れ合うことで、「働くこと」に対する意識が高まる。
・さまざまな職業があり、将来の道は多様であり、将来の具体的なイメージづくりができる。
・今後の進路学習を進めていくうえで、「あのときの夢授業では……」と振り返りながら活用することができる。

指導する私たちにとっても、夢授業を実施することはとてもよい経験となります。しかし、教師もプロである以上、事前にどのような意識をもち、事後に「まとめ」として何をするのかについて考えておくことが非常に重要であるとも感じました。つまり、教師だからといって、そんなに多くの職業を把握しているわけではないということです。

今回は三年間の計画を立てて、職業観・勤労観を学ぶというキャリア教育の視点で夢授業を有効に活用させていただきました。実際に働く大人に話をしていただき、「職場体験学習」で実際に働いてみるという関連づけをしたことで、進路学習や生徒指導など、さまざまな視点をもって指導するという幅の広さとともに精神的な余裕が生まれたように感じています。

「夢授業」における地域とのつながり

（北九州市立池田小学校前教頭・佐藤法聖《のりきよ》）

職業人として夢授業にかかわって

夢授業との出合いは、開催する側、つまり学校としてではなく職業人としての参加でした。当時、北九州市子ども家庭局青少年課の係長をしていましたが、二〇一四年の冬、ある小学校で行われた夢授業に市役所職員という立場で参加し、六年生に接することになったわけです。事前の説明を聞き、「この取組は面白そうだな」と感じていたので参加したわけですが、職業人として児童に向き合ったことで、私にとっての「初めての学び」をいくつか経験することができました。

一つ目は、児童からの問いの答えを探るうちに、自らのなかにまだ一年目の市役所職員なりの、やりがいやしんどさを認識したことです。つまり、駆け出しの市役所職員なりの、職業観を問い直すメタ認知の機会をもらったということです。

二つ目は、職業観の問い直しについて、市役所職員ではなく自分が二〇年以上続けてきた教職に当てはめてみたらどうなるか、と考えるきっかけをもらったということです。改めて教職のやりがいやしんどさを振り返ることで、なぜ教職に就こうと思ったのか、またそれを続けようと思ったのかなどについて探る機会となりました。そして、職業人という立場で感じた夢授業の魅力や奥深さを、他業種の職業人たちはどのように感じているのかと気になり、知りたくもなりました。言ってみれば、大人の好奇心というものです。

夢授業のねらいを説明する佐藤法聖さん

これらの学びは、教職員として教室で児童に対峙したときには得られなかったものですし、「考えることさえなかった」と言ってもよいものです。確かに、これまで授業のなかで児童からさまざまな質問を受けてきたわけですが、「先生」を職業人としてとらえて発せられた質問はありませんでした。

・どうして○○になろうと思ったんですか？
・○○になってよかったと思うこと、大変だなあと思うことは何ですか？
・○○になるには、どうしたらいいんですか？　どんな勉強をしたらいいんですか？
・○○の仕事には、どんなやりがいがありますか？
・○○の仕事では、どれくらいの給料がもらえますか？
・仕事をしていて、しんどいなと思ったときはどうしているんですか？

ここに挙げたのは、私自身が実際に受けた質問です。ほかの職業人も、同じような質問を投げ掛けられていることでしょう。このような問いに対する職業人の答えを聞いた小学生にとって、夢授業とはどのような学びになるのだろうかと、やや不安な気持ちを抱いていたのも事実です。つまり、職業人にとっての価値ばかりではないだろうか、児童らは働くことの現実を知って幻滅しないか、と気になったわけです。

しかし、児童たちの感想文を読んでみて、そんな心配は一気に吹き飛びました。夢授業を通して現実に触れたことで、むしろリアルな大人像や職業観を抱き、将来に対してしっかりとしたビジョンをもてたという児童が大半だったのです。このとき、夢授業は職業人にとっても児童にとっても「Win Win」の取組であることを実感しました。

教員として夢授業にかかわって

二年間の市役所職員生活が終わり、学校現場に教頭という立場で戻った私は、夢授業を勤務校で実施したい、多くの先生方に夢授業の価値を伝えたい、と考えていました。そして、二〇一八年度の二月、勤務校での第一回目となる夢授業を開催しました。十分な計画を練って準備をするという時間がないまま、六年生の総合的な学習の時間の一部を割いてもらって何とか実施にこぎ着けたのです。まずは実施し、その様子を先生方に知ってもらうためです。

その結果はというと、大変好評で、「是非、来年も実施したい」といった感想をいただきました。また、当時の校長もこの取組に高い関心を寄せて、「黒崎ひびしんホール」（北九州市八幡西区岸の浦）で児童養護施設の子どもたちを対象にして開催された夢授業を参観するというほどでした。

そして、翌年は年度初めから計画を進め、さまざまな職業についての「調べ学習」や来訪される特別講師の落水洋介氏（二〇六ページ参照）の紹介ＶＴＲの視聴まで含めて、事前にしっかりと準備をすることができました。とくに、学校支援地域本部事業の地域コーディネーターである小田裕子さん（七五ページ参照）の尽力によって、保護者や地域で働く人を職業人として招くことができたことが大きな成果と言えます。

地域の人の来訪にあたり、職業人ではありませんが、民生委員と消防団員の招へいを提案しました。ボランティアである民生委員や消防団員は、現在「担い手が少なく、メンバー集めに苦労する」と聞いています。しかし、福祉や安全といった面で地域を支える、なくてはならない大切なボランティアです。このような存在を児童に知らせ、ゆくゆくは、地域を支える大人になる児童らの胸に、民生委員や消防団員の種をまこうと考えたのです。つまり、「大人は、家庭人であり、職業人であり、地域人である」という言葉を持論としている私のこだわりを、夢授業に反映させたかったわけです。

　このときの夢授業では、予想を超える真剣さで六年生たちが職業人と向き合っていました。実のところ、生徒指導上においてはさまざまな問題を抱えている児童が多かったのですが、普段、教室では見せないような表情や態度で職業人に接している様子に担任が驚いたぐらいです。

　そして翌年、二〇一九年度の実施では、またまた私のこだわりを夢授業に反映させようと考えました。前職では、行政という場で、青少年を対象としたボランティア活動を推進することを業務としていたわけですが、そのときに思

消防団も夢授業に

ったのが「ボランティアの地産地消」です。地元の活動に地元のボランティアがかかわるということは、移動にかかる時間やお金といった面でのロスが少なくなるなど、メリットが大きいということを実感していたからこその発想です。これを夢授業に当てはめて、保護者や地域の人ですべての職業人を賄うことができないかと考えたわけです。

この年の夢授業は六年生の学習参観を兼ねていることもありましたので、保護者全員に夢授業を見てもらうと同時に、「職業人募集の説明会にしよう」と考えました。このときの夢授業を目の当たりにした六年生の保護者が、来年度以降の職業人候補となってくれるよう、学習参観に含まれている意図を伝える機会にしたのです。

以上、簡単に述べた勤務校での三回の夢授業ですが、それぞれ私のこだわりを軸にして開催してきたと言えます。とはいえ、単に私のこだわりだけでなく、最終的には地域の方々（保護者を含む）の児童へのかかわりを通して、将来、池田小学校の児童が「池田」という地域を支える大人になることを目的としています。さらに、この取組がループすることで、「持続可能なまちづくり」や「コミュニティー形成」につながることも期待しています。

児童養護施設の子どもたちへ「夢授業」

（若松児童ホーム・川原好幸）

児童養護施設とは

児童養護施設で働いている私が常々考えていることはというと、社会のみなさんがこの施設のことをどれだけ知っているのか、また、そこに集う子どもたちがどのような生活を送り、一八歳になったらどうなるかについて知っているのか、ということです。児童養護施設とは児童福祉法に定められている児童福祉施設の一つで、「児童福祉法41条」には次のように定められています。

「児童養護施設は、保護者のない児童、虐待されている児童など、環境上養護を要する児童を入所させて、これを養護し、あわせて退所した者に対する相談その他の自立のための援助を行うことを目的とする施設」

少しだけ付け加えると、対象となる子どもに

児童養護施設での川原和幸さん

ついて児童相談所の所長が判断をし、それに基づいて、都道府県知事が入所措置を決定することになっています。このような施設で子どもたちがどのような生活を送っているのか、なぜ、この子どもたちにキャリア教育である夢授業が必要なのかについて、ここで紹介します。

児童養護施設の子どもたちに「将来の夢は？」と尋ねると、ほとんどの子どもたちが私たちのような「児童養護施設の職員になりたい」とか、保育士といった身近な福祉関係の仕事を挙げてきます。この施設で暮らす子どもたちは、一般の子どもたちに比べて社会経験が乏しいです。私としては、もっといろんな職種を知り、経験することが大切だと判断して、夢授業を開いてもらうようにお願いをしました。

世の中にはいろんな職種があるということに子どもたちが気付き、目指すべき方向性が決まれば、「こういう資格が必要なのか」とか「高卒でもなれるのか」、いやいや「この資格なら短大、専門学校、大学まで行かないとなれないのか」ということが分かって、夢とか将来の目標が明らかになり、子どもたちの考え方が格段に変わっていくことになります。

児童養護施設では高校を卒業するまでの生活は保障されていますが、ほかの子どもたちを同じく、高校に進むためには目指すべき高校を決め、努力をしなければなりません。施設にいるからといって、簡単には高校に入れないのです。さらに上の学校となれば、さらなる努力が必要となります。このような目の前の目標をクリアしていくためにも、夢授業でさまざまな職業人の話を聞くことが役立つと考えました。

高校を卒業するとみんなほぼ就職

これまで、成績のよい子どもに関しては、返済義務のある奨学金を利用して大学に進学するといったケースが少なからずありました。現在、児童養護施設向けに返済義務のない奨学金ができてきたということが大きな転換の一つとなっていますが、やはりほとんどの子どもが高校を卒業したら就職をしています。

かつては、大学などへの進学を諦めさせ、実業高校に入学して、福利厚生のあるしっかりとした会社に就職してもらうということが児童養護施設の職員が行う進路指導でした。今は時代が変わり、視野を広げることができるようになったわけですが、職員がどんな職種があるのか知らないのです。つまり、社会に対する視野が狭いということです。このことを自覚し、夢授業に期待することにしたのです。子どもたちがキャリア教育を受けて、いろんな職業人に会うことでその職業や働き方を知り、職業人からやりがいをもって働くことの楽しさが聞ける場、それが子どもたちへの最高のプレゼントになります。

とくに、中高生にはどんどん受けさせることで動機づけとし、大学などへの進学も可能なのだという目標がもてるように心掛けています。主観的な見解ですが、施設にいる高校生を見ていると、単に進学するだけでなく、その先をイメージしているようにも感じます。進学することだけでなく、夢が描きやすくなったのかもしれません。その一例を紹介しましょう。

ある男の子が大学への進学を目指していました。この男の子が、夢授業でウエディングプランナーに出会い、その仕事に興味をもったのです。横で見ていてもワクワクしていることが分かります。これをよい機会だと思った職員が、すぐにそのプランナーに連絡をしたところ、「式場まで見学に来ませんか？」という答えが返ってきたのです。

一人の高校生のために、結婚式場を開けて見学させてくれたのです。さらに、結婚式に関するＤＶＤまで見せてもらってます。感動したのでしょう、この男の子は自分のいる世界とはまったく違う、幸せを運ぶ仕事がしたいと思いはじめ、それに向かって頑張りはじめました。地元で開催された学生のスピーチコンテストにまで出て、自分自身の夢を語るまでになったのです。

夢授業で顔の見えるつながりが増えていくと、さらに仕事のことが分かり、働いている姿がよく見えるようになります。言ってみれば、それが夢授業のよさなのでしょう。とくに児童養護施設の子どもには、施設外のさまざまな大人が君たちのことを支えているんだよと感じてもらいたいと思っています。保護者と離れ離れになり、「見捨てられた」と感じている子どもが多いのが事実です。しかし、夢授業を通して、少しずつですが自分のことを認めてくれる存在が増えていくのです。そうすれば、安心して目標をもつことができ、ステップアップもできるのです。

卒業生も来てくれる

開催される夢授業に、児童養護施設を卒業した人も来ています。施設の子どもたちにとって、これほど心強いことはありません。自分たちと同じ境遇で育った先輩が職業人として来て、仕事の話をしてくれるのです。先輩の頑張っている姿を実際に見て、社会で起こるであろういろいろなことを話してくれると、一般の大人が話すよりも一層心に響くのです。言うまでもなく、社会に出るというイメージが描きやすくなり、夢がリアルなものになっていきます。

施設を出た多くの子どもが不安に思っていることは、自分たちは社会に受け入れてもらえるのかということと、施設を出て一人で生活をしていくことができるのか、ということです。ある子どもは、卒業するまでは優しかった先輩が窃盗をしてしまい、警察に捕まってしまったという話を聞きました。そのとき、自分も社会に出たら同じような境遇に押しやられて、同じようなことをしてしまうのではないかという恐怖を感じた、と言っていました。

尊敬していた先輩たちが失敗してしまうこともあるでしょう。逆に、施設では順応しなかった子どもが社会に出て、しっかり適応しているという話もあります。紆余曲折ありながらも一所懸命頑張ってきたという話を卒業生がしたことで、後輩たちが「先輩のようになれる！　頑張ろう！」と思える機会になったと確信しています。

将来的には、児童養護施設を卒業した子どもたちだけを職業人として集め、夢授業を開催したいと考えています。まだ先のことになるでしょうが、卒業生たちが木原会長の後をついていき、施設だけでなく地域や小中高校、障がい児施設などにも伺って、「障がいがあってもこんな仕事があるよ」などと話せる世の中が来れば、社会全体がうまく回っていくのではないかとも思っています。

児童養護施設の未来

仮に、夢授業で出会った仕事が華やかなものでなくても、その職業人はその仕事を通して一所懸命頑張り、仕事と生活がうまく回っていて、大切な家族を養うことができている――これを知るだけでも、子どもたちに希望を与えることになります。

現在、児童養護施設にはいろんな形態があります。国は今、「家庭的養護」といって小規模体制でやっていこうと考えているようですが、私の考えは違います。いろんな形があって、その環境のなかで子どもたちが「この人信じれる！」と思える大人に何人出会えるかによって人生が決まるのではないかと思っています。それだけに、仕事がたとえきつくても、あの人がいるから頑張ろうと思えるようなつながりを子どもたちにもって欲しいし、「仕事って楽なことではない」

ということを知ってもらいたいです（もちろん、好きなことを仕事にして欲しいですが）。

今、児童養護施設には二〇数名の中高生がいます。この施設において夢授業をさらに発展させるとしたら、先ほど言ったように、施設を卒業した大人が来ることのほか、児童養護施設に興味をもってくれている職業人にもっとたくさん来てもらい、「出前授業」のよう形で話をしてくれる仕組みがあったら面白いと思っています。こんな話を木原会長にしたところ、次のような返事をもらいました。

「高校生からはじめてもいいですし、年に何回か行うようにするのもいいですね。この施設にかかわれる人と夢授業の職業人をつなげていったら、大人にとってもすごいいことになります。『社会に出たら』というテーマで話をしてもらってもいいし、職業人の苦労話をしてもらうだけでも子どもたちにはすごく意味があると思います」

また、施設を卒業した人たちとのコラボに関しては、「小学校の先生をしている人をはじめとして、喜んで来てくれる卒業生を束ねて夢授業を行うほか、キャリア教育研究会のなかに新たな組織をつくってもいいですね」という提案をいただいています。

ロールモデルが必要

木原会長の話を聞いていると、児童養護施設という環境のなかで一緒に動いてくれる人が一人でも多くなることが望まれます。親がギャンブルに狂ってしまったとかのように、あまり好ましくない環境に染まってしまった子どもたちが多いという事実があります。そんななかで成長してきた子どもたちは、どんな大人になったらいいのか分からないというのが正直なところです。

「世の中にはさまざまな大人がいて、その人たちが育ててくれるという憧れをたくさんつくること、つまり大きな期待ではなく、新しいロールモデルがつくれれば施設の子どもたちにとってもいいのではないでしょうか」という意見も木原会長からいただいています。もちろん、それができたら嬉しいことです。「北九州市なら、そのロールモデルがつくれるような気がします」と言う木原会長、「そのためには、川原先生みたいな人がいないとできません。施設とのパイプが私たちにはありません」と釘を刺されました。

確かに、児童養護施設はオープン化されていないところがたくさんあります。逆にいえば、個人情報などが理由で「扱いにくい部分がある」ということでしょう。私自身としても、何とかこのようなハードルを越えて、心の傷を負った子どもたちに本当の愛情というものを手に入れて欲しいと思っています。もちろん、かなりの時間がかかるでしょう。しかし、子どもたちが必要としているものが何かについては分かっており、届けられる大人がおれば可能なはずです。

夢授業とかかわったことで嬉しかったことの一つは、落水君（五二ページの写真参照）との出会いです。ある施設に車いすに乗っている男の子がいるのですが、普段はみんなの前で車いすに乗りたがりません。しかし彼は、落水君が車いすに堂々と乗っている姿に感動したようで、みんなの前でも恥ずかしがらずに車いすに乗る姿を見せるようになったのです。

ある意味、キャリア教育とはあらゆる人が生きていくうえにおいて勇気を与えることかもしれません。それだけに、落水君の存在は、夢授業においてもかなり大きいと思います。さまざまな職種を知り、選択肢が広がることももちろん重要ですが、児童養護施設の場合、いろいろな大人との触れ合いがあり、それが財産となって子どもたちが存在意義を見つけていくというスタイルを望みたいです。その結果、子どもたちは社会を知るとともに、大きな「人脈」を築くことにつながります。いや、ひょっとしたら、この人脈を築くのは私たち職員かもしれません。

夢授業研修会——先生たちとの学び　（木原大助）

夢授業にかかわることで、たくさんの学校（現場）に行くという機会に恵まれました。年間に約七〇校で開催していますから、五日に一回、打ち合わせまで入れると二、三日に一回は行っていることになります。本章で紹介したのは、そんな開催校からいただいたコメントの一部です。このようなやり取りを通して生まれたのが、ここで紹介する「夢授業研修会」です。

さて、私には学校に行く目的が二つあります。一つは、もちろん夢授業を開催して子どもたちに働くことの意義を伝え、ワクワクさせることです。もう一つは、子どもたちに大きな影響を与えている先生たちが働いている現場を知ることです。先生方の、「本当の声」を聞きたいのです。

教育現場の環境をよくしていくことは、言うまでもなく、子どもたちの未来をよくすることにつながります。国から大きな施策が下りてきてそれを運用していくのが現場なわけですが、政府が考えている教育現場と各地方における実態とはかなりの開きがあることでしょう。しかし、中央の考えを無視することはできません。もし、無視してしまうと、現場に大きなひずみを生んでしまいます。いったい、現場では何が起こっているのでしょうか？　北九州市内だけでもさまざまな環境の学校があるのです。先生方の話を聞けば聞くほど、いろいろな悩みがあることが分かってきました。

新聞であれ、ネットニュースであれ、「今の学校現場はおかしい」、「今どきの先生は……」といった教育問題に対して批判する記事が毎日のように踊っています。しかし、そのほとんどが、現場を知ることもなく、聖職者としてのイメージから発せられているように感じます。もっとも、かつての私も同じように勝手な意見を言っていました。そのような批判的な思いがあったからこそ、夢授業をはじめる原動力となったわけです。

学校現場に行って先生方の話を聞くと、大きな問題、小さな問題、地域独特の問題、そして先生自身における問題など、さまざまな問題が存在していることが分かりました。授業の進め方、クラスをまとめる実力もさまざまです。経験豊富な実力のある先生であれば、世間でよく言われている「学級王国」をつくって、そのクラスだけの独特な手法や運営方法を駆使して「一国一城」を築いていくことができます。しかし、そこまでの実力がまだない若い先生であれば、クラスを「チーム」とすることができず、精神面において力尽きてしまいます。

さまざまな現実を前にしている先生ですが、共通していることがあります。やり方や考え方、そして地域が違っても、すべての先生が「子どもたちの未来が輝くものになって欲しい」とか「将来、幸せになって欲しい」と思っているのです。学校を訪問するようになって、このようなことが私にもよく分かるようになりました。

ある勉強会で面白い体験をしました。これが学校運営や組織運営に当てはまると思いますので、ここで紹介させていただきます。その勉強会ではゲームをすることになり、講師が次のように言いました。

「ある実験をするので、一〇人ほど前に出てきて手伝ってください」

私を含む一〇人ほどが前に出ました。

「では、今から組織で起こりうるある面白い実験をします」

そう言われて私たちは一列に並べられ、伝言ゲームをすることになりました。

「私が、一度だけ、とても明確に、ある言葉を伝えます。それを正確に、一度で伝言していってください」

そう言って、ある言葉を私の耳元でゆっくりと分かりやすく講師が発しました。ゆっくりと、間違えようのない言葉をはっきりと。そして、私の隣へと、次から次に同じく丁寧に伝言していきました。さあ、一〇人目の人です。最後に大きな声で、私が伝えたはずの言葉を発しました。それを聞いて、私は大笑いをしてしまいました。まったく違う言葉が発せられたからです。

講師は、この伝言ゲームのことを次のように説明づけました。

「みなさんの働く現場でも、同じようなことが起こっているはずです。誰かが心を込めて伝えた言葉が、まったく違う言葉となって伝わっていくのです。現場で上がった声が少しアレンジされて学年主任に伝わり、さらにアレンジされて教頭、校長に伝わり、行政に届くときには現場の声とはまったく違ったものになるのです。それぞれの立場において大切にしたいことが混ぜこぜになって伝えられていくのです。そして、それが、一定の時間を経て今度は上から折り返してくるのです。当然、伝えたかった内容は影も形もなくなっています。しかし、上から下りてきたものは、誰も求めていないことであるにもかかわらず運用されることになってしまうのです」

その場にいた、すべての人が大きくうなずいていました。何よりも大切なのは現場の声、何が起こっていて、何を求めているのかについて、学校現場の声を確認しなければならないと考えた瞬間です。

ここ数年、先生方を応援するために何かできないかと模索してきました。先生方の力になるために、一つのアイディアが浮かんだのです。それは、先生方がもっと自由につながって、意見交換をしながらお互いに高めあえる場をつくることです。それも、しがらみのない形、しばりのない形で。それを目指して、二〇一九年度からキャリ教育研究会は新たな取組をはじめました。それが「夢授業研修会」です。

この研修会は、小中高校の先生方が一堂に会し、夢授業をテーマとしていろいろな意見交換が行われる場です。真剣に盛り上がる先生方は、次第に心が打ち解け、私たちも含めてさまざまな意見交換ができる間柄になっていきます。

以前、大学でキャリア支援を行っている先生から、「大学で進路や職業のことを考えても遅い」という話を聞いた

夢授業研修会のスタート

ことがあります。高校の先生からも、「できれば、中学に上がるときから働くということに興味をもっていれば……」という話が出ています。結局は、小学生のころから少しずつ、職業は決まらなくても、将来働くことで幸せを得ることができる、と教えることが重要になってきます。

具体的に、どのようなプログラムになっているのかについて紹介します。まず、大切にしていることは、「まじめに楽しく」というテーマに沿って進めることです。会ったことがない先生方がまじめに、より多くの意見を出してもらうためには、やはり楽しくないとダメです。そのために、先生方をグループに分けてゲーム形式で進行していきます。

私が「お題」を出して、一分間により多くの意見を出したグループが表彰されます。表彰されると、会場の隅に置いてあるお菓子や飲み物を受け取ることができます。このゲームが結構盛り上がるのです。先生方は無邪気に、いやムキになって意見を出してくれます。ちなみに、「お題」

夢授業研修会の様子

には次のようなものがあります。読者のみなさんも、是非考えてみてください。

❶子どもたちの未来に必要なものはなんですか？
❷子どもたちが夢授業から得られるものは何ですか？
❸小・中・高校での夢授業の違いには何がありますか？
❹夢授業の事前、事後授業として、どのような授業が有効ですか？
❺夢授業を盛り上げていくために、先生たちができることは何ですか？
❻五年後の夢授業は、どのような形になって欲しいですか？

先生方からどのような意見が出たでしょうか、想像してみてください。びっくりするほどたくさんの意見が出て、私のほうが驚いたぐらいです。いずれにせよ、このゲームでみんなが盛り上がり、私たちがより先生方を知る機会となり、先生方が私たちを知る機会ともなります。

二〇一八年までは私たちだけでキャリア教育研究会を進めてきたわけですが、夢授業研修会がはじまってからは、先生方と私たちが一緒になって研究するキャリア教育研究会となりました。先生方を巻き込んで、いや取り込んで、一緒になって、さらに前進していきます。もちろん、子どもたちの未来をより輝かせるためです。

「まじめに楽しく」学んだあとは、言葉どおりの交流会となります。キャリア教育研究会のメンバーと先生たち、少し（?）お酒を飲みながら本音を語り合う時間となります。この夜の部では、各職業人が先生たちに披露する面白い、いや意義深い取組があります。それは職業人による「プレゼン大会」です。夢授業の本番で、子どもたちの前で職業人が行っている一五分間の様子を先生たちの前で披露するのです。そして、どの職業人のプレゼンテーションが一番価値の高いものかについて投票をするのです。どの職業人も趣向を凝らしており、見ている先生方もどんどん引き込まれていきます。

プレゼン大会には正式な名称があります。二〇一九年の夏に開催されたときは「第三回職業人プレゼン世界大会」となりました。一回目のときは北九州市民しかいなかったのですが、世界を巻き込むという覚悟ではじめましたのでこのような名称にしました。今後は、夢授業を全国に広げつつ、各地域のキャリア教育研究会が競い合って、学び合う機会になることを望んでいます。

本章の最後に、このときの夢授業研修会に参加された先生方の感想をいくつか紹介しておきます。これから夢授業をはじめられる人にとっては、とくに参考になることでしょう。

昨年度、初めて夢授業をしていただいて、研究会や職業人の方々の熱い思いに触れることができました。また、子どもたちにとっても私自身にとっても、とても有益な場になりました。これは、今後も教育活動の一環として位置づけていきたいですし、昨年度の反省や課題

を生かして、よりよいものに進化させていきたいです。

今日の研究会では、様々な先生方の取組、他地域の取組、事務局の方々のお考えなど、たくさんの情報をうかがうことができました。参加してよかったと思いますし、益々、今年度の夢授業を盛り上げていきたいと、気持ちが高まっています。今日はどうもありがとうございました。今後とも、よろしくお願いします。（門司海青小学校・高﨑匠）

本日はたくさんの意見や考え、想いを聞かせて頂きました。そして、その言葉一つ一つが、自分自身を振り返り、更に考えを深めるものとなりました。あっという間の三時間、みなさんと想いを共有できて本当に嬉しかったです。そして、一《いち》職業人「教員」としても更に更に成長していきたいです。そして、よりよい関わり、出会いを、生徒とまた多くの同僚、職業人の方々としていきたいと感じています。たくさんの想いをありがとうございました。感謝の思いを忘れずに、明日からの活力にします。（菅生中学校・飯田つむぎ）

昨年度から夢授業に取り組ませていただいています。今年度、六年生を担任することになり、自分自身夢授業にかかわったことがなかったため、今日参加させていただきました。グループワークを通して、夢授業に取り組むために必要なことや事前の準備、子ども達へのなげかけ方など、実に様々なことを学ばせていただきました。実際の夢授業でのプレゼンテーションも見せていただき、自分の中ではかなり具体的にイメージすることができました。

今日、学ばせていただいたことを基に、三学期、子ども達にとって実り多い学習ができるよう、また来て下さった職業人が、行ってよかったと思っていただけるように取り組んでいきます。ありがとうございました。（中尾小学校・藤井和代）

このような感想、みなさんはどのように感じられますか。「子どもたちの未来」のために夢授業を私たちは開催しているわけですが、これまでに繰り返し述べられてきたように、職業人も刺激を受けて成長しています。そして、感想にも書かれているように、先生方にも新たな「気付き」があったように思われます。

夢授業を開催するたびに、それに関係する人びとの輪が広がっていきます。その輪をさらに大きくしていくためには、新たなステージづくりが必要な時期に来ているかもしれません。それをふまえて、次章では「夢授業の今後」について述べていくことにします。

第6章

深化する「夢授業」

北橋市長（中央左）と北九州のこれからの教育について語る木原会長（中央後ろ姿）

これまで、ありがたいことに夢授業のことは多くの新聞や雑誌などで紹介されてきました。本書の出版社である新評論の編集者も、「みんなの経済新聞」というネットで配信されているローカルニュースを偶然見つけて連絡をいただき、本書の刊行につながっています。これらの報道により、多くの学校から夢授業の開催依頼を受けるようになりましたし、たくさんの職業人に協力をしていただけるようにもなりました。

そして、二〇一九年二月二二日、ラジオでも夢授業が紹介されたのです。電波に乗るのはこれが初めてです。番組名は「rainbow time」（パーソナリティー：阪本真由美、DJ：ステラこと橋本和宏）、北九州市で毎週金曜日の午後七時から一時間、「AIR STATION HIBIKI」という局が発信しているものです。この番組に北九州市立大谷小学校の本田龍一朗先生が出演して、夢授業のことが語られたのです。以下で、ここまでに書いたことの復習、そして、夢授業の未来を語るために、その内容を紙上で再放送することにします。

「夢授業」が紹介されたラジオの紙上再放送

ＤＪ　夢授業との出会いを教えて下さい。

本田　二年前の一月、小学校教師の僕の妻が夢授業を行い、大変子どもたちのためになったと聞き、自分もやってみたいと思いました。そこで、キャリア教育研究会の会長・木原大助氏に、「大谷小学校でもやっていただけないか」と依頼の電話をかけました。申込期限を過ぎていたのですが、卒業式の前日でもいいからと強引にお願いしました。卒業の二週間前に、二四名の卒業生を対象に夢授業の開催を行うことができました。

ＤＪ　本年度は九月二六日に実施されましたが、このことについてお話しいただけますか。

本田　二年前は、卒業式間近に開催しました。これは、子どもたちにとって小学校生活のフィナーレを飾る意味で意義ある取組となりました。ただ、私にとっては、子どもたちに夢授業という種をまいたものの、水を与えて成長させていないという後悔が残りました。そこで、本年度は、一学期から取り組みをはじめ、一年間という長いスパンで終わりたいと考えました。

　小学校では総合的な学習の時間があります。そのなかでは、子どもたちが予測困難な社会に主体的にかかわり、どのような未来をつくっていくのかを自ら考え、追求させるための学校独自のカリキュラム編成が可能です。そこで、本年度の六年生の総合的な学習の時間のテーマを「夢に向かって」とし、学期毎に活動の目標を定め、年間を通して取り組むことにしました。

ＤＪ　本田先生の熱い思いは十分に感じ取れましたが、同学年の先生はいかがでしたか。

本田　年度当初、キャリア教育について同学年の先生に自分の思いを伝えました。年間を通したキャリア教育をしたい。夢授業を単発で終わらせたくない、と。すると、同学年の先生に「やりたいようにやっていいよ」と背中を押してもらいました。「やりたいようにやってもいい」とはいえ、学年の共通理解は必要です。一年間を通した総合的な学習の時間におけるキャリア教育の取組（テーマ「夢に向かって」）にサポートしてくれたことに大変感謝しています。

DJ　一年を通した単元「夢に向かって」の内容を聞く前に、本田先生も職業人として他校の夢授業に参加されていると聞きましたが、どんなお話をされているのか教えていただけますか。

本田　私はまず、子どもたちに「もし、三億円あったらどうしますか。仕事をしますか？」と尋ねています。三億円は生涯賃金ですが、子どもたちのなかには、「お金を稼ぐために働く」という考えの子もいます。しかし、大部分は「お金のためだけではない。やりがいや人に貢献しているという気持ちが大切で、お金がすべてではない」という答えを出します。子どもたちなりに、しっかり考えているのですね。また、「三億円あったら遊んで暮らせるけど……」と切り返します。夢が定まっていない子どものなかには、「やめる」と答える場合がありますが、夢が定まっている子どもの場合は、「やりたいことはお金儲けではなくて、夢に向かってチャレンジすること」と答えます。このようなやり取りを導入として、小学校教師の仕事の内容や「やりがい」、「生きがい」について話していきます。

DJ　では、一年間のキャリア教育の流れについてお話しいただきましょう。

本田　一学期は夢授業の「土づくり」の時間です。子どもたちに「どんな仕事があるのだろう」

と問い掛け、「仕事調べ」をさせます。二学期に入ると、まず私が夢授業の職業人として使ったプレゼン資料を子どもたちに提示して、「今度行う夢授業では、同じようなことをしてくれますよ」と話すと、子どもたちはさらに仕事について詳しく調べます。次に、聞きたい職業人についてアンケートを取ります。その際、第二希望はまったく興味のない職業人を書かせます。こんな機会でもないとお話を聞くことはありません。たとえば、ある男の子はビューティーディレクターの小林大介さん（一五一ページ参照）を選びました。お化粧にまったく興味のない子どもたちも、実際にマネキンにメークをするとなると興味津々ではじめるわけです。また、ボディガードを選んだ女の子は護身術を楽しそうにやっていました。こうして見てみると、子どもたちには新たな発見があるわけです。

　夢授業を終えた子どもたちのワークシートを見ると、次のように書いている子どもがいました。

「その仕事に就いた訳やなり方を聞いて、職業人の方のその職業に対する自信や楽しさを感じました。私は自分の夢に向かって頑張ると同時に友だちの夢を応援できる人になりたい」

授業中の本田さん

子どもたちは、なりたいと思ったら自然にその方向に向いてきます。そして、目標をもって努力したいと思います。自分を信じていると、必要なときに必要なものが入ってきます。それには理由も根拠もいりません。子どもたちの目の向きが違ってくるのです。

二学期は、夢授業のあとに保育士体験をします。子どもたちは、実際に働いてみるとうまくいかないことが多いことに気付きます。反省から学ぶわけです。そして三学期は、なりたい自分（仕事）が決まったら、自分の「ドリームマップ」をつくります。これは、「自分の未来計画書」とも言えるもので、一人ひとりよく調べて書いています。将来、自衛官になりたい子どもは、「自分に甘くせずに、何にでも挑戦する自衛官になりたい」とコメントしていました。

このドリームマップは、授業参観のときに保護者にも紹介しました。保護者から、次のような手紙をもらいました。

「自分が小学校の時を思い出しました。自分は当時看護師になる夢をもっていて、今は夢が叶って看護師をしています。今は、当時なかった仕事がたくさんあります。子どもたちは一人ひとりなりたい自分を描いていて、理由もしっかり書いています。目標とする仕事が将来変わるかもしれませんが、将来六年生の時を振り返って、夢が変わっても夢を語れる人になって欲しいと思います」

DJ　私も夢授業に参加していますが、子どもたちの様子を見ると、事前の準備の度合いが分かります。このようにして本田先生は、ネタを組み立てて行かれているのですね。先生の熱意が子どもたちの笑顔に表れているのですね。私の好きな金子みすゞの詩のなかに、「私は私の船で」というくだりがありますが、大人ができることは応援でしかありません。大人のエゴを子どもに押しつけてはいけません。子どもの人生を奪わないように。これからは、この子どもたちが地域を支えていきます。そして、子どもたちが大人になったとき、夢授業に職業人として帰っていく。自分ができることを、世のため、人のために。

DJが最後に述べているように、「これからは、この子どもたちが地域を支えて」いくのです。そのためにも、今後、夢授業を全国に広げたいと私たちは考えています。本書の原稿を書いている二〇二〇年の年頭、県内では苅田町《かんだまち》、お隣の山口県では下関市、大分県、東京都での開催ということも目標にすえて現在準備を進めています。素人の集団がやることなので、いつ、どんな形で立ち上がるのかははっきりしていません。「北九州キャリア教育研究会」といっても、法人格もなく予算ももたないただの任意団体でしかありません。言ってみれば、ちょっと行き過ぎたおせっかいな大人の集団なのです。

毎回、毎日、問題は山積みです。うまくいくこともありますが、うまくいかないことのほうが多いのではないかと思える日もあるというのが現実です。よくもこんなに活動するものだ、と周りの人は呆れているのではないかとも思っています。

最近思うのは、「子どもたちのために社会を変えていこう！」と言って立ち上がった大人たちによって開催されてきた夢授業というプログラムが、子どもたちによって大人のほうが変えられてしまう「大人のためのプログラム」になっているということです。志は同じでも、やり方や意見が違うというのは当たり前です。そんな大人たちがぶつかり合ったり、人との違いを知ったり、認めたりしていく過程、これぞ民主主義でしょう。

合言葉は、前章でも述べたように「仲良く楽しく」です。チームワークをより強固なものにするために、レストランであろうと居酒屋であろうと、食後はみんなでテーブルの後片づけをするというのが私たちのルールとなっています。夢授業にかかわるということは、目の前に存在するたくさんの問題や障害を解決することにもなります。それによって、子どもたちの夢を広げていくことができるというスタンスのもと、メンバーが一丸となって取り組んでいます。

私たちの究極の目標は、「北九州市を、日本一教育を受けたい街にする」ということかもしれません。そして、このプログラムが全国に広がること、となります。といっても、日々大変なことばかりですが……。

こんな想いのもと、今後どのような活動をしていくのか、どのようなことを考えているのかについて述べていくことにします。

組織づくり

キャリア教育研究会が発展していくためにも、「よい組織づくり」についてはすごく意識をしています。現在の組織形態を説明しておきましょう。

各地域のキャリア教育研究会は、それぞれ独立をしています。よって、私が全国組織の長ではありません。あくまでも組織は横並びとなっており、各地域とも、みなさんで責任をもって運営してください、ということです。現時点で存在する研究会は、先にも述べたように、北九州市とそこから派生したいくつかの地域にあります。各地域に会長がおり、横のつながりに関しては、同じ名前を使い、同じ仕組みやルールで運営を行っています。こうすることで、隣の町から要望があって手伝いに行ったときでも、違和感なくすんなりと入り込むことができます。メリットがもう一つ。年に数回開かれる「職業人プレゼン大会」などにおいて、お互いが学び合えるという体制がもてることです。

第２章でも述べたことですが、北九州市は小学校と中学校を合わせると約二〇〇校あり、ほかの地域よりもはるかに大きいため北九州のみ地区ごとにリーダーをつくり、それぞれが独立して運営を行っています。各地区のリーダーが特色のあるチームづくりをしており、盛り上がっています。また、各地区のスタッフのなかには、少しだけ責任を負ってもらう「幹部」が約一〇人存在しています。

いずれにしろ、各地域のメンバーと運営のことを考えたり、各方面に働きかけを行ったり、仕組みづくりを模索しています。一人でも多くの大人を巻き込み、一人でも多くの子どもたちの心を耕して種をまくためにも、まだまだ組織を大きく、強くしていく必要があります。そのために、少し意識をしながら「巻き込み」を行っています。

初めて参加した職業人をレギュラーメンバーとして、参加回数を増やしてもらうといった働きかけを行っています。その次のステップとして、その人に少しだけ運営のお手伝いをしてもらうようにお願いし、最終的には責任者になってもらうことを意識しています。このような過程のもと、「事務局のミーティングにも顔出してよ！」と言いつつ数回参加してもらったら、すぐに「名刺をつくろうか！」と進み、あっという間に事務局スタッフとなります。

かかわってくださるみなさんは、頼りにされるとさらに頑張ってくれるようです。もちろん、賃金は払えませんが、得れるものはプライスレスではないかと勝手に思っています。ちなみに、スタッフになって名刺をつくる費用も自己負担です。しかも、少し多めの予算（一〇〇枚＝一〇〇〇円）をいただき、余ったお金で備品などを買うというケチな運営をしています。「もちろん」と言うべきでしょう。飲み会があったときも少しお金を浮かせて、運営費に充てています。

企業とのつながり

開催校が増えてきたため、個人単位で声をかけて、「来れますか？　来れませんか？」と依頼しているだけの時間的な余裕がなくなりました。そのため、これまではスタッフ不足と力不足でできなかった企業や団体とのつながりを重視して活動ができるようになりました。相手側に開催スケジュールを連絡しておき、参加できる日程にエントリーをしてもらうという仕組みをつくっています。

今後は、企業以外でも保育園や幼稚園の連盟、看護師会や医師会などいろんな団体とつながることで、さらに専門職の人に参加してもらえるようになるのではないかと考えています。また、仕組みづくり、システムづくりがさらに進めば一気に職業人が集まるようになるでしょう。

一つのエピソードを紹介しておきます。

地元にある大手企業に飛び込みで、夢授業に職業人を出してもらおうと営業に行きました。五〇代と三〇代の男性が対応してくださり、内容を説明するととても共感してもらいました。しかし、その後、五〇代の担当者から、「地場の、ほかの大手さんはどこがやっていますか？」と聞かれたのです。そのときの私の答えは次のようなものです。

「ほかの地場大手がやっているではなくて、今、目の前でお話を聞いてくださった担当の方がやりたいから進めるのか、そうでないか、だけです」

こう言って、その場を退席しました。夢授業には、大人が子どもたちのことを思って参加したい、そんな動機だけで充分だと私は考えています。基本的な想いがぶれてくると、夢授業といった会などはあっという間に崩壊してしまいます。単なるボランティア集団なのです。想いしかない大人が集まっているだけなのです。このときは、すぐあとに三〇代の担当者から電話が入り、「私が何とかします」という返事をいただきました。そして、実際に学校にも来ていただき、話をしてもらっています。

市長からの声援

二〇一九年八月、市議会議員を務めている女性から、「夢授業について、議会で質問を出してみたい」という話が舞い込みました。北九州キャリア教育研究会では、「できるだけ、私たちのほうからは行政にお願いごとをせず、自分たちで考えて行動する」と決めていましたので、周りの人が行政機関に話をもち込んでくれるというのはとてもありがたいことです。何といっても、最終的には行政の援助（経済的ではない）なしには私たちの夢を実現させることができないからです。というわけで、すぐに打ち合わせとなりました。

この女性議員は、以前から夢授業に関心をもっており、何度も事務局に足を運ばれたほか、見学にも来ていました。また、職業人として参加してくれたこともあります。過去にも、ほかの議員が何度か見学に来たということもありましたが、少し皮肉めいた言い方をしますと、子育てや学校教育について関心が薄いというか、自分の選挙区に住む有権者がいなければ名前を売ることができないと思っているのか、あまり熱心な様子ではありませんでした。

そんななか、この女性議員は教育や雇用問題、そしてキャリア教育にも興味があり、市民が夢中になってボランティアをしている姿に大いなる関心を寄せていたのです。ちなみに、キャリア教育研究会のルールには、対象議員の選挙区では職業人として子どもたちに話をすることができないというものがあります。かつて、夢授業の会場まで来た議員に、「あなたの選挙区であるため参加できません」と伝えると、腹を立てて帰っていったという人もいます。

こんな人を、私は以前から「挨拶議員」と呼んでいます。選挙区での会合やお祭り、宴席に参加して挨拶だけをして帰っていく議員のことです。初めて会う人に名刺を配りたいという一心だけなのです。こんな議員には、子どもたちの未来を託すことができません。議員だけでなく、市議会そのものと、今後二〇〇〇人、三〇〇〇人と増えていくであろうメンバーと議論する機会をつくろうと考えています。何とかして、本気で未来のことを考えて行動するといった議員をみんなで育てていきたいものです。

いつかやってみたいと思っていることは、議員に対するアンケート調査です。全議員に、「夢授業を知っていますか?」、「その活動実態について調べたことはありますか?」、そしてついでに、「任期中に、あなたが市民のために一番活動できたと思うことは何ですか?」というような質問を書いたアンケートを送りたいです。さて、どのような答えが返ってくるのでしょうか。

先の女性議員とは、さまざまな話をしながら、今回の議会質問では、「知っていただくこと」と「内容を知ったうえで、参加してみたいと思うか」などについて話してもらうことにしました。その結果、何と教育長が初めて夢授業を視察に来ることになったのです。七年にわたって約一万五〇〇〇人の子どもたちを対象に夢授業をやってきたわけですが、やっとここまでつながった、という感じです。行政に頼らないということを理念にしているため、ちょっと複雑な感じもしますが、こちらから声をかけることなく来てくれたわけですから、一歩前進です。

さらに、このときの議会質問から、私たちにとってはうれしい出来事が生まれています。北橋健治市長が、「特別職公務員」として夢授業に参加してくれるというのです。この知らせを北九州キャリア教育研究会のフェイスブックで報告したところ、多くの人から喜びの声が上がりました。やっとここまで来た! いろいろなことがあったけど、ここまで来た! また、次にコマを進めるぞ! 私自身もそんな気持ちになれました。

行政に対して、夢授業の活動を認めてくれと無理やり依頼するのではなく、私たちの活動をずっと見てくれていた議員が、「この活動を市内でもっと多くの人に知っていただく機会にしましょう」と言ってくれたことにとても意義があったように思います。

後日、正式に北橋市長へ活動内容を説明するために伺うことになりました。北橋市長は、一九八六年に衆議院議員として初当選を果たしたのち、二〇〇七年に北九州市長となり、現在四期目を務めています。好きな食べ物が、カレーうどんとハンバーガー、そしてアジの干物という庶民的な人ですが、言うまでもなく、忙しい日々を送っていらっしゃいます。そのため、市長との面談は決められた時間に一五分だけとなっていました。その一五分で、私たちの思いを伝えて夢授業のファンになっていただくこと、一〇〇〇人の仲間がボランティアで頑張っていることなどをうまく伝える、これが私の使命でした。訪問日の数日前から、一五分で話すための原稿を何度も練り直しました。

二〇一九年一一月一三日の午後、市長面談の当日、一五階建ての市庁舎の五階にある応接室に通していただき、少し待つことになりました。初めてとなる市長の応接室、大きな机と大きな窓のある広々とした空間です。お天気がよかったせいもあるでしょうが、ここからの眺めは素晴らしいの一言です。前日から少し緊張していましたが、市長を待つ間に見た景色で少し緊張が和らいだという感じです。

このとき、市長に話した内容をいくつか披露しておきます。
・二〇一三年に二七人ではじまった北九州キャリア教育研究会が、今年で一〇〇〇人を超えたこと。
・予算なしのボランティアで、みんなが仕事の合間をぬって子どもたちのために話をしてくれていること。
・事務局のメンバー六一人が、毎日やり取りしながら運営を支えていること。
・北九州市からはじまった夢授業が今は周りの一〇地域に広がり、二〇二〇年の夏には「書籍」となって全国にこの取り組みが知らされること。

話がどんどん盛り上がり、気が付いたら予定の時間を五分オーバーしていました。それでも、一つお願い、いや軽く相談したことは、北九州市の行政職員がもっとたくさん夢授業に参加して、行政という仕事の楽しいところや、この街の未来のためにみなさんがやっていることについて話して欲しい、ということです。

また、書籍について補足すると、応接室に飾られていた二冊のうちの一冊が本書の出版元である新評論の『〈写真記録〉これが公害だ』（林えいだい著、二〇一七年）でしたので、会話のなかで、「市長、あそこに飾られていますあの本と同じ出版社から、全国に向けて北九州の取組が広がるんですよ！」と話しています。

北橋市長からは、最後に次のような言葉をいただきました。

「これからもずっと見てますよ！」

短い言葉ですが、私にとってはとてもうれしいものであると同時に、責任を改めて痛感する言葉となりました。もし、「これからは行政がバックアップしていきます！」と言われていたら、少し拍子抜けをしていたかもしれません。

「これからも苦労をして仲間を集め、力を合わせてやっていきたいのです。今後も真っ直ぐにやります。見ていてください、市長がこの街をよくしたいという思いに負けないくらい私たちも真剣なんです」

時間がもう少しあれば、本当はこのように伝えたかったのですが、晴れ晴れとした気分になりました。最上階にある喫茶店でコーヒーを飲み、大きく胸を張りました。新たな一歩を踏み出した、と確信を抱いた瞬間です。

そして、年末年始に予定されていた夢授業を滞りなく開催

北橋市長とともに（左が木原会長、右が事務局の塩月さん）

市長室の飾られていた『これが公害だ』

するといった日々を忙しく送っていたある日、なんと、本当に北橋市長が視察として夢授業に来ることになったのです。その日のことを次節で紹介します。

「夢授業」に市長がやって来た

創立一二〇周年という記念すべき年の二〇二〇年二月五日、北九州市立池田小学校で開催した夢授業に北橋市長がやって来ました。この日は、一八業種、二五人の職業人が参加しましたが、ほとんどの職業人が何らかの形で池田小学校とかかわりがあります。七〇年前の卒業生であるコンビニオーナー、八五年間小学校の隣に住んでいる農家、六年生のお母さんたちが結成している看護師さんグループ、卒業生の保護者であるケアマネージャーのほか、地域に住む介護福祉士、管理栄養士、葬祭業、民生委員（主任児童委員）や消防団員などというメンバーです。

一方、児童はというと、一組は「行け（ゆけ）！金の卵たち」、二組は「〇〇（自分の名前）の第一歩」というようににタイトルを付け、この日を楽しみに準備していました。もちろん、事務局メンバーも朝から楽しみにしていましたが、何とも言えない心地よい緊張感もありました。

暖冬のはずが、その日はとても空気の乾いた冬らしい日で、体育館に差し込む日差しの当たるところだけが暖かいという日でした。

市長が訪れるということで、分単位のスケジュールが綿密に組まれて、進行についてはいつもよりもしっかりとリハーサルを行いました。私たちにとっても大切な舞台ですが、市長を招き入れる学校にとってても大切な舞台です。先生方の緊張感が私たちにまで伝わってきたぐらいです。そして、この緊張感が子どもたちにも伝わったのか、オープニングではいつものような無邪気さが感じられませんでした。

司会者が挨拶したあと、いよいよ市長のスピーチです。あの空気のなか、緊張していなかったのは市長だけかなと思うほど丁寧なスピーチをされていました。私たちの活動へのお礼と、子どもたちには「是非、さまざまなお話を聞いて参考にしてください」と話されていました。

その後、夢授業を見学しながら市長といろいろなお話をさせていただきました。前日から何度も練習をしていたせいか、スラスラと話ができきました。もちろん、前節で書いた、言いたかったことなどをふまえて、次のように話しました。

「国の方向性ももちろんですが、北九州市の大人が考える、人生で本当に大切なことを教えられる教育にしたい。偏差値や学歴の社会ではない社会がやって来る、本当に幸せになれる大人をつくる教育に、北九州市の教育が日本の教育を変えていく」

そして、市の職員さんにどんどんと夢授業に参加して欲しいということも、この場で改めて伝えています。

「市役所の仕事として、幅広い分野で子どもたちが想像もできない事業・サービスをしています。しかも、お客さまは北九州市に住むみなさん。こんな話を聞いたら、子どもたちのシビックプライドが醸成されるのではないでしょうか。職員さんも、仕事のやりがいを話すことで、さらに仕事に対するエンゲージメントが上がるのではないでしょうか。そうなれば、この街は日本一幸せな街になります」

市長でもない私が、市長にこのように宣言してしまいました。でも、本気です！

一方、市長からは、子どもたちの鋭い質問に職業人が真剣に答える様子を見ながら、「やはり、話で聞くのと生《なま》で見るのは全然違いますね。市の職員が参加していましたが、市役所の仕事を上手に話していましたね」という言葉をいただいています。

実は、池田小学校での夢授業の開催は今回で三回目です。初めて授業参観との抱き合わせとなった開催でしたが、保

北九州市の職員の話を熱心に聞き入る北橋市長

護者のみなさんも真剣な眼差しで見守っていました。この地域で活躍している職業人がたくさん登壇していることも理由でしょうが、地域の人々に地元のことをより知ってもらう夢授業になったと思います。

はじまりの街で北九州キャリア教育研究会が目指すものは「一燈照偶《いっとうしょうぐう》」

北九州市は人口約九四万人の政令指定都市です。近隣に比べると大きめの都市ですが、そんな街で、予算がなくても、行政の助成に頼ることもなく、夢授業を運営しています。決して簡単とは言えない環境のなかで、北九州市に住む仲間が協力し合って、智恵を出し合って運営をしているわけです。本書で著したことは、言ってみればその顛末記となります。

では、なぜ本にして全国のみなさんに伝えようとしたのかと言いますと、北九州市でできるのであれば、全国どこでも夢授業を開催することができるだろうと思ったからです。私たちの活動を参考にしてもらい、各地域で夢授業が開かれること、それが私たちの願いです。その理由は、今さら説明するまでもないでしょう。夢授業にかかわったすべての大人が、将来の世代のことを想い、「必要である」と認識しているからです。

もちろん、予算のない、仕事の合間を縫っての活動となりますので、大きなことはできないでしょう。また、効率よく開催することができないかもしれませんが、私たち一人ひとりができることを行えばいいのです。たとえば、それが小さな灯りだとしても、それぞれが灯りを照らすことはできるのです。数多く集まれば、外から見ると大きな灯りに見えるかもしれません。つまり、伝教大師最澄（七六七～八二二）の名言「一燈照隅　万燈照国《まんとうしょうこく》」です。

これから先、一〇年か二〇年、いや何十年先か分かりませんが、一人ひとりがこの社会のなかでできることを見つけて、一つ一つ灯りをともしていけるような社会になれば日本は輝く国になるのではないでしょうか。そして、それがもし世界に広がったら……キャリア教育研究会の原動力はそんなところにあるのかもしれません。

とはいえ、私たちには全国組織をまとめる気はまったくありません。北九州市から「一燈照偶」という活動を続けていきたいと考えています。さらに言えば、「北九州市が日本一教育を受けたい街になる」といったことを念じています。

もし、日本全国でキャリア教育研究会が立ち上がれば、各地域のみなさんと「日本一」をかけた競争となります。このような競争が激しくなれば、各地域がより活性化されるでしょうが、すでに夢授業をスタートしている北九州市、決して負けませんよ！

エピローグ

（木原大助）

「夢授業」参加のきっかけ

（塩月糸子）


　木原さんが勤める某金融機関の事務員として、たまたま働いていました。アクティブな木原さんと絡むこともなく、正直なところ、北九州キャリア教育研究会の活動にも興味はありませんでした。ＯＬ生活二五年、自由きままに生きており、仕事は生活のため、自由に遊ぶために働くだけだと思って過ごしてきました。そんなある日、木原さんから声をかけられたのです。たまたまボランティアの人手が足りておらず、たまたま目の前にいた私に声をかけただけなのでしょう。

「この日って暇？　どうせ暇でしょ？　じゃあ朝、ひびしんホールまで来て」

「何があるの？」と尋ねましたが、結局、何も分からずに参加したのが夢授業でした。言うまでもなく、いつも参加しているみなさんのように志が高いわけでありません。さらにボランティア？　自分のことも満足にできてない私がボランティアなんて……という思いだけです。そもそも、ボランティアをするなんて考えたこともありませんでした。

そして、初めて参加した夢授業、キラキラしたたくさんの大人が楽しそうに自分の職業を子どもたちに話していました。人見知りの私はというと、子どもたちの後ろで、邪魔にならないように話を聞いていたことを覚えています。大人の私でさえ面白く感じる話、子どもたちが面白くないはずがありません。子どもたちが楽しく仕事を学べるように、職業人は自らの仕事を見つめ直し、分かりやすく上手に伝えるための努力をしていることが伝わってきます。

実は、私も一度だけ職業人として話す機会がありました。人と話すことが苦手なので断り続けてきましたが、山口県柳井市の沖合に浮かぶ小さな島「平郡島《へいぐんとう》」の小学校で開催された夢授業だけということで職業人として話をしています（五六ページ参照）。

北九州市から二時間半、最後はフェリーに乗って島に渡り、宿泊するということで予算がかかるので、単に職業人が集まらなかっただけです。だから、「仕方なく」と言ったら子どもたちに失礼ですが、人見知りの私も話をすることにしました。このとき、初めて自分の仕事を見つめ直しました。

みなさんのように、かっこいい仕事ではありません。また、華やかな仕事でもありません。

さらに、志高く夢授業に参加したわけでもありません。でも私は、地味な裏方で、みんなの後ろにいることが好きだからこの仕事をしています。

このようなことを張り切って話したものの、自分なりの評価では……撃沈でした。子どもたちが気を遣ってくれているのが分かり、さらに撃沈してしまいました。

いつかリベンジして、好きでしている仕事をうまく伝えられるように頑張りたいとも思いましたが、みんなが楽しそうに夢授業に参加している姿を見て、苦手とする職業人になることは諦めて、好きな裏方という仕事に徹してこれからも夢授業に参加することを決めました。得意とする仕事、本職でもある事務効率を追求し、夢授業にかかわる作業負担を減らすことにしたわけです。

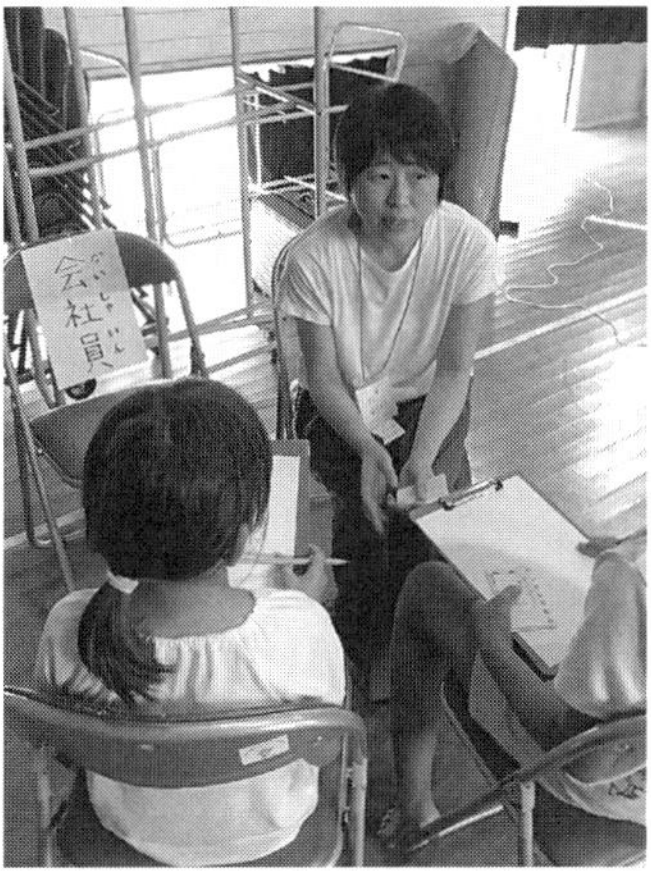

普段は裏方の塩月糸子さん

北九州キャリア教育研究会は、個人レベルのボランティア組織ではない規模まで成長していますので、これまで以上に工夫と基盤づくりが大切となります。ここは私の腕の見せ所、いつの間にかなんだか楽しくなってきました。平凡なOL生活が、誰かの役に立っているという刺激的な毎日に変わってきたのです。夢授業によって子どもたちの人生も変わっていくのでしょうが、私のように大人の人生も変わっていくのです。これからも、多くの人が巻き込まれていくことでしょう。

掲載した文章は、キャリア教育研究会の事務局を務めていただいている塩月さんが書いたものです。本書では、さまざまな職業に就いている人からの「声」を紹介してきたわけですが、塩月さんのように、一般事務職を仕事としている人もたくさんいます。一般的には、「総務部」、「営業・販売事務」、「渉外部」などと呼ばれている部署です。塩月さんが言うように、これらの仕事については明確に説明することが難しいものです。しかし、その仕事を説明しようとしている人が私たちのメンバーにいます。そして、日常的には事務局のメンバーとして夢授業を支えてくれているのです。さまざまなメンバーで構成されているキャリア教育研究会、まさに「社会の縮図」と言えるかもしれません。

二〇二〇年一月一四日、塩月さんを含むメンバー五人で東京に向かいました。着いた日の夜は、出版社の編集者と原稿の打ち合わせ（？）を行ったのですが、このときに本書の「続編」を出版することが決まっています。というのも、紙幅《しふく》の関係で掲載できない職業人の原稿がたくさんあること、そして夢授業の活動が想像以上に拡がっていくことが予想されるからです。本書の体裁が何も決まっていない段階で「続編」の話をする、これがキャリ教育研究会のやり方なのです。これでまた、事務局の仕事が増えることになります。

そして翌日、この日が東京に来た理由です。宿泊したホテルがある品川から小田急線の参宮橋近くにある「国立オリンピック青少年総合センター」に向かいました。会場では、別便で来たメンバーが顔を揃えています。私も含めて、みんな昨日の服装とは打って変わって正装です。実は、「第一〇回キャリア教育アワード」の「奨励賞」をキャリア教育研究会が受賞し、その表彰式に出席することが目的だったのです。

「キャリア教育アワード」とは、文部科学省・経済産業省・厚生労働省が合同で開催している「キャリア教育推進連携シンポジウム」の一つで、ほかに「キャリア教育優良

「奨励賞」を受賞する木原会長

委員会、学校及びＰＴＡ団体等文部科学大臣表彰」と「キャリア教育推進連携表彰」があります。それぞれの受賞が全国から来ており、これまでに経験したことのない熱気に包まれていました。

代表して私が表彰状を受け取ったのですが、緊張していたのであまりよく覚えていません。あとでメンバーから、「息子さんがカッコイイと言っていたよ」と聞かされ、親の威厳を示すことができたと喜んでしまいました。しかし、「カッコイイ」のはメンバー全員です。この喜びを分かち合うため、すぐさまフェイスブックにこの模様を掲載し、受賞報告をさせていただきました。

北橋市長の視察、奨励賞の受賞など、公的な立場から私たちの活動が認められたことは、キャリア教育研究会の今後における活動において、さらなる励みとなります。本書において記しましたように、夢授業を開催するにおいては多くの人々の協力をいただいています。お一人ずつ名前を挙げることができませんが、この場をお借りしてみなさんに、「ありがとうございます！」とお礼を述べさせていただき、筆を置くことにします。

次にみなさんとお目にかかるのは、夢授業の現場、もしくは「続編」となります。私たちも、その機会を楽しみにしています。

二〇二〇年　春

北九州キャリア教育研究会を代表して

編者紹介

北九州キャリア教育研究会

2013年、北九州市立萩原小学の単発授業からスタートし、2015年にボランティア組織として設立しました。
子どもたちにとって「より良い社会」をつくることが大人の役割と考え、子どもたちに職業観を芽生えさせ、育てることで将来への夢をつくることなどを目的として、1年に50回ほどの「夢授業」を開催しています。
なお、「キャリア教育研究会」は商標登録されています。(第6055516号)
お問い合わせは、下記宛にお願いします。

〒805-0019　八幡東区中央2-16-9（オフィスクローバー内）
Mail: kita.career@gmail.com
www.facebook.com/kitacareer
ホームページ　www.yumejyugyo.jp

夢授業の様子はこちらからご覧いただけます。

夢授業——大人になるのが楽しくなる、もうひとつの授業

2020年6月10日　初版第1刷発行

編　者　北九州キャリア教育研究会
発行者　武　市　一　幸

発行所　株式会社　新　評　論

〒169-0051
東京都新宿区西早稲田3-16-28
http://www.shinhyoron.co.jp

電話　03(3202)7391
FAX　03(3202)5832
振替・00160-1-113487

落丁・乱丁はお取り替えします。
定価はカバーに表示してあります。

印刷　フォレスト
製本　中永製本所
装丁　山田英春

Printed in Japan
ISBN978-4-7948-1153-0

好評既刊

ヨーラン・スバネリッド／鈴木賢志＋明治大学国際日本学部鈴木ゼミ編訳

スウェーデンの小学校社会科の教科書を読む

日本の大学生は何を感じたのか

民主制先進国の小学校教科書を日本の大学生が読んだら…？
「若者の政治意識」の生成を探求する明治大学版・白熱教室！

四六並製　216頁　1800円　ISBN978-4-7948-1056-4

入江公康

現代社会用語集

学生に大人気の講義が本になった！博学多識の社会学者がおくる、
「あたりまえ」を問いかえす概念の武器としての決定版レキシコン。

四六変形並製　208頁　1700円　ISBN978-4-7948-1070-0

ダン・ロススタイン＋ルース・サンタナ／吉田新一郎 訳

たった一つを変えるだけ

クラスも教師も自立する「質問づくり」

質問をすることは、人間がもっている最も重要な知的ツール。
大切な質問づくりのスキルが容易に身につけられる方法を紹介！

四六並製　292頁　2400円　ISBN978-4-7948-1016-8

ジョン・スペンサー＆A・J・ジュリアーニ／吉田新一郎 訳

あなたの授業が子どもと世界を変える

エンパワーメントのチカラ

生徒たちと学びつづけてきた誠実な“先輩”からの最良の助言。
「権限」「選択」「主体性」を軸とした最新・最良の授業法！

四六並製　228頁　1800円　ISBN978-4-7948-1148-6

吉田新一郎

［改訂増補版］

読書がさらに楽しくなるブッククラブ

読書会より面白く、人とつながる学びの深さ

「楽しくて、読むことが好きになり、刺激に満ち、大きな学びが得られ、人間関係の構築に寄与する」—いいことずくめの読書法を具体的に指南

A5並製　252頁　2200円　ISBN978-4-7948-1137-0

＊表示価格は税抜本体価格です。